SV

Hans Blumenberg
Reinhart Koselleck
Briefwechsel
1965-1994

Herausgegeben von Jan Eike Dunkhase
und Rüdiger Zill

Suhrkamp

Erste Auflage 2023
Originalausgabe
© Suhrkamp Verlag AG, Berlin, 2023
Alle Rechte vorbehalten. Wir behalten uns auch eine Nutzung des
Werks für Text und Data Mining im Sinne von § 44 b UrhG vor.
Umschlaggestaltung: Hermann Michels und Regina Göllner
Satz: Satz-Offizin Hümmer GmbH, Waldbüttelbrunn
Druck: Pustet, Regensburg
Printed in Germany
ISBN 978-3-518-58801-7

www.suhrkamp.de

Inhalt

Briefwechsel 1965-1994   7

Nachwort der Herausgeber   113
Editorische Notiz   172
Abkürzungen und Siglen   174
Verzeichnis der Briefe und Widmungen   176
Namenregister   179

[1] BLUMENBERG AN KOSELLECK
O. O., O. D. [WOHL 1965]

Widmung in: Hans Blumenberg, Kopernikus im Selbstverständnis der Neuzeit (= Abhandlungen der geistes- und sozialwissenschaftlichen Klasse, Jg. 1964, Nr. 5), Mainz: Verlag der Akademie der Wissenschaften und Literatur 1965.

Herrn R. Koselleck
(→ S. 366 Anm.)
H. B.

ÜBERLIEFERUNG O: Hs.; DLA Marbach, Bibliothek Reinhart Koselleck.

S. 366 Anm.: Das Heft weist eine doppelte Paginierung auf: 1-32 am unteren Seitenrand und 337-368 am oberen. Die Abhandlungen der Mainzer Akademie sind genau genommen keine Sonderdrucke, sondern stets separat ausgelieferte eigenständige Publikationen, worauf die Seitenzahlen unten hinweisen. Die Paginierung, die einen größeren Zusammenhang suggeriert, ist ein Vorgriff auf eine Zusammenbindung der einzelnen Abhandlungen eines Jahrgangs durch Bibliotheken.
Die Fußnote auf S. 366 folgt auf Blumenbergs Befund, Kopernikus sei aus der »Sphäre der metaphorischen Kosmologie« herausgetreten und habe das Bild preisgegeben, »um die Sache zu gewinnen«, wobei aber »in der geistesgeschichtlichen Wirkung [...] die sinnenfällige Vordergründigkeit der Metapher, des Zeichens, immer wieder stabilisiert worden« sei. Dazu heißt es in der Fußnote: »Vgl. hierzu meine *Paradigmen zu einer Metaphorologie*, 106-122: *Metaphorisierte Kosmologie*. Ich habe dort verabsäumt, auf eine Gestalt der kopernikanischen Metaphorik, nämlich als ›Sprengmetaphorik‹, einzugehen, die die topographische Figur aufnimmt, um sie zu zerstören und damit die in ihr gesuchte Orientierung zurückzuweisen, zur Radikalisierung der Anfrage zu zwingen. Sie findet sich bei KARL MARX in der Einleitung zur *Kritik der Hegelschen Rechtsphilosophie* von 1843/4 und geht aus von der Kritik der Religion als der ›Voraussetzung aller Kritik‹ (WW ed. H. J. LIEBER, I 488 f.): ›Die Kritik der Religion ent-

täuscht den Menschen, damit er denke, handle, seine Wirklichkeit gestalte wie ein enttäuschter, zu Verstand gekommener Mensch, damit er sich um sich selbst und damit um seine wirkliche Sonne bewege. Die Religion ist nur die illusorische Sonne, die sich um den Menschen bewegt, solange er sich nicht um sich selbst bewegt.‹ In dieser Form ist die kosmologische Metapher nicht mehr ›vollziehbar‹ – und eben das soll sie auch gar nicht mehr sein. (Zur Sprengmetaphorik vgl. *Paradigmen* 131 ff.) Daß diese Art der Metaphorik für MARX durchaus bezeichnend ist, belege ich noch an einem ebenso ›explosiven‹ Beispiel: ›Radikal sein ist die Sache an der Wurzel fassen. Die Wurzel für den Menschen ist aber der Mensch selbst.‹ (I 497) Ist dies schon in sich nicht zur Anschauung zu bringen, so tritt es noch sogleich in katalytischen Kontakt mit der im übernächsten Satz getroffenen Feststellung, die Kritik der Religion ende mit der Lehre, ›daß der Mensch das höchste Wesen für den Menschen sei‹. Der Mensch ist sich Wurzel und Höchstes, Unten und Oben zugleich, wie er sich gravitierender Planet und Gravitationszentrum zugleich sein soll. Solche Absurdifizierung des kosmologischen Metaphernrealismus bildet ihre eigene Tradition, in der die Verbindlichkeit einer wie immer zu sehenden ›Natur‹ destruiert wird. 1955 programmiert JACQUES AUDIBERTI in einer gegen Sartre gerichteten Schrift *L'Abhumanisme*: ›Der Mensch, der akzeptiert, es ganz aus dem Blickfeld zu verlieren, daß er die Mitte des Weltalls ist. Und vielleicht auch: daß er nicht die Mitte des Weltalls ist.‹«

Mit Marx setzte sich Blumenberg in den 1960er Jahren vor allem im Rahmen seiner technikphilosophischen Studien auseinander. Entscheidend ist hier aber wohl der Hinweis auf die besondere Metaphorik. Siehe dazu das Nachwort der Herausgeber, S. 143-145. Am Schluß von *Die kopernikanische Wende* beseitigt Blumenberg das in der Fußnote erwähnte Versäumnis, indem er ebenjene Passage von Marx, die im Grunde sein Fazit mit innermetaphorischen Mitteln vorwegnimmt, abermals zitiert und dabei nicht nur aus der Fußnote in den Haupttext verlagert, sondern auch zur Krönung seiner Argumentation einsetzt (S. 164).

[2] KOSELLECK AN BLUMENBERG
O. O., O. D. [WOHL DEZEMBER 1965]

Widmung in: Reinhart Koselleck, »Geschichtliche Prognose in Lorenz v. Steins Schrift zur preußischen Verfassung«, Sonderdruck aus: Der Staat 4 (1965), H. 4, S. 469-481.

Ein kleines Gegengift gegen den
Nachmittag des 13. Dezember 1965
für Herrn Blumenberg

von R. Koselleck

ÜBERLIEFERUNG O: Hs.; DLA Marbach, Bibliothek Hans Blumenberg.

»Geschichtliche Prognose in Lorenz v. Steins Schrift zur preußischen Verfassung«: Die Lektüre des Aufsatzes ist in Blumenbergs Leseliste auf den 2. Januar 1966 datiert. Blumenberg hat den Sonderdruck offensichtlich intensiv gelesen, denn es finden sich fast auf jeder Seite Unterstreichungen, wenn auch keine Randbemerkungen.
kleines Gegengift: In seinem Aufsatz würdigt Koselleck den Prognostiker und »Geschichtsontologen« Lorenz von Stein unter anderem für die folgende Leistung: »Indem sich Stein auf die moderne Bewegung einließ, d. h. auch auf die Zukunft, konnte er gar nicht umhin, neben dem Sein das Sollen und Wollen zu analysieren: nur daß er sie nicht utopisch vertauschte. Es bleibt erstaunlich, wie sehr Stein verstanden hat, *Wünschbarkeiten in die Zukunft zu projizieren,* nicht um ihnen nachzuhängen oder nachzueilen, sondern *um den Sinn für das Mögliche* zu schärfen« (S. 474). Die (nur hier) kursiv gesetzten Stellen hat sich Blumenberg in seinem Sonderdruck unterstrichen.
13. Dezember 1965: An diesem Tag hatten Koselleck und Blumenberg an der von dem Heidelberger Sozialhistoriker Werner Conze (1910-1986) geleiteten ersten Sitzung der »Historischen Kommission des wissenschaftlichen Beirats des Gründungsausschusses für eine ostwestfälische Universität« im Frankfurter Parkhotel teilgenommen. Der zukünftige Standort der zu gründenden Universität (Bielefeld) stand zu diesem Zeitpunkt noch nicht fest. Die Arbeit des wissen-

schaftlichen Beirats wurde zunächst in einzelnen fachspezifischen Kommissionen vorbereitet, wobei Blumenberg nicht nur in der philosophischen Kommission Mitglied war, sondern wohl wegen seiner wissenschaftshistorischen Interessen auch in der historischen Kommission. Da die fünf Mitglieder der Kommission aus verschiedenen Himmelsrichtungen anreisten (Bochum, Gießen, Heidelberg, Saarbrücken), hatte man sich auf Frankfurt am Main als Treffpunkt geeinigt. Daß die Sitzung unproduktiv verlief, legen auch Bemerkungen Conzes auf dem maschinenschriftlichen Durchschlag des Rundbriefs an die Teilnehmer nahe, mit dem am 22. Dezember 1965 das (nicht überlieferte) Ergebnisprotokoll verschickt wurde. Dort beklagt er in einem nur an Blumenberg gerichteten handschriftlichen Nachtrag, daß die Sitzung »wegen allzu langer, z.T. geradezu Reden zuweilen einen unerfreulichen Verlauf nahm«, und versichert, daß man »in *diesem* Kreise« vorerst nicht wieder zusammenkommen müsse (Werner Conze an Hans Blumenberg, DLA Marbach, Nachlaß Blumenberg).

[3] BLUMENBERG AN KOSELLECK
O. O., O. D. [WOHL DEZEMBER 1965]

Widmung in: Hans Blumenberg, Die kopernikanische Wende, *Frankfurt a. M.: Suhrkamp 1965.*

Herrn R. Koselleck
mit guten Wünschen für 1966
im Zeichen der ›Kritik der historischen Vernunft‹
HB

ÜBERLIEFERUNG O: Hs.; DLA Marbach, Bibliothek Reinhart Koselleck.

Die kopernikanische Wende: Der in der Reihe »edition suhrkamp« erschienene Band ist eine Sammlung älterer Aufsätze, die Blumenberg überarbeitet hat: »Kosmos und System. Aus der Genesis der kopernikanischen Welt«, *Studium Generale* 10 (1957), H. 2, S. 61-80, »Melanchthons Einspruch gegen Kopernikus. Zur Geschichte der Dissoziation von Theologie und Naturwissenschaft«, *Studium Generale* 13 (1960), H. 3, S. 174-182, und dem Kapitel IX der »Paradigmen zu einer Metaphorologie«. Er ist damit ein Seitenstück zu dem zuvor übersandten Aufsatz (Nr. 1). In Kosellecks Exemplar finden sich intensive Lesespuren (An- und Unterstreichungen) auf den Seiten 7-59, 76-78 und 100-113 sowie in den Anmerkungen.
›Kritik der historischen Vernunft‹: Anspielung auf den Philosophen Wilhelm Dilthey (1833-1911), der vor allem in seinem Werk *Einleitung in die Geisteswissenschaften* analog zu Kants *Kritik der reinen Vernunft* und zugleich in Absetzung von deren transzendentalphilosophischem Ansatz eine Grundlegung der Geschichtswissenschaften schaffen wollte.

[4] KOSELLECK AN BLUMENBERG
O. O., FEBRUAR 1968

Widmung in: »Historia Magistra Vitae. Über die Auflösung des Topos im Horizont neuzeitlich bewegter Geschichte«, Sonderdruck aus: Hermann Braun und Manfred Riedel (Hg.), Natur und Geschichte. Karl Löwith zum 70. Geburtstag, Stuttgart: Kohlhammer 1967, S. 196-219.

Herzliche Grüße
Ihres Koselleck
Februar 1968

ÜBERLIEFERUNG O: Hs.; DLA Marbach, Bibliothek Hans Blumenberg.

»*Historia Magistra Vitae*«: In Blumenbergs Leseliste erscheint der Titel unter dem Datum des 7. März 1968. Der Sonderdruck zeigt intensive Lesespuren auf jeder Seite, vor allem Unterstreichungen, nur wenige Randzeichen, an zwei Stellen den Vermerk »K« plus Zahl, ein Hinweis darauf, daß Blumenberg das entsprechende Zitat auf eine Karteikarte übertragen hat, um es bei passender Gelegenheit zu verwenden. Siehe dazu das Nachwort der Herausgeber, S. 163-165.

[5] BLUMENBERG AN KOSELLECK
O. O., O. D. [WOHL FEBRUAR/MÄRZ 1968]

Widmung in: »Wirklichkeitsbegriff und Staatstheorie«, Sonderdruck aus: Schweizer Monatshefte 48 (1968), H. 2, S. 121-146.

Herzlich grüssend
HB

ÜBERLIEFERUNG O: Hs.: DLA Marbach, Bibliothek Reinhart Koselleck.

»Wirklichkeitsbegriff und Staatstheorie«: Der Aufsatz geht auf einen Vortrag zurück, den Blumenberg im November 1967 an der Universität Zürich gehalten hat. Obwohl er offiziell nicht so ausgewiesen war, hatte der Vortrag die Funktion eines Bewerbungsvortrags. Da in Zürich die Stelle des verstorbenen Philosophen Hans Barth neu zu besetzen war, drängte ihn vor allem Helmuth Plessner hier sein Interesse anzumelden. Für Blumenberg wäre die Universität Zürich wegen ihrer Nähe zu Konstanz und den dort versammelten Kollegen von »Poetik und Hermeneutik« interessant gewesen, deshalb ließ er sich zu dem Vortrag überreden, obwohl er sich für das Thema nicht wirklich interessierte. So kam auf der Grundlage der vier Wirklichkeitsbegriffe (vgl. Nr. 37) Blumenbergs einziger Vortrag zustande, der sich explizit einem politisch-sozialphilosophischen Thema widmet. Zu der Zusendung könnte ihn eine thematische Nähe zu Koselleck bewogen haben, der in seinem Exemplar dann auch durchgehend intensive Anstreichungen und Anmerkungen hinterließ.

[6] KOSELLECK AN BLUMENBERG
HEIDELBERG, 30. MAI 1968

HISTORISCHES SEMINAR   HEIDELBERG, den 30. 5. 1968
DER UNIVERSITÄT   Neue Universität, Südflügel
Prof. Dr. R. Koselleck

Herrn Prof. Dr.
Hans Blumenberg
4324 Blankenstein
Obere Raue Egge 29

Lieber Herr Blumenberg,
ich habe Sie leider bei meiner Verabschiedung in Bochum Mitte April nicht mehr erreichen können. So möchte ich Ihnen heute einmal mitteilen, daß ein kleines Treffen der Historiker stattgefunden hatte, als die Juristen in Heidelberg versammelt waren. Bei der Gelegenheit kamen Herr Böckenförde, Herr Meier und Herr Nörr mit mir zusammen: Wir alle haben es sehr begrüßt, daß Sie mit Ihrem Lehrstuhl, mit Ihren Interessen, vor allem aber daß Sie persönlich zu uns in das Historicum stoßen wollen. – Zum Andern möchte ich Ihnen heute schreiben, daß wir uns am 8. Juni mittags in Heidelberg zusammenfinden wollen, um Fragen der historischen Fakultät zu besprechen. Ich würde mich wirklich sehr freuen, wenn Sie auch kommen würden. Wie Sie wissen, ist das nicht nur offiziell gemeint, sondern ebenso herzlich.
Mit freundlichen Grüßen, auch an Ihre Frau, bin ich
Ihr
Koselleck

ÜBERLIEFERUNG O: Ts.; mit gedrucktem Briefkopf und hs. Korrektur und Unterschrift Kosellecks; DLA Marbach, Nachlaß Hans Blumenberg.

Obere Raue Egge: »Raue« fälschlich korrigiert aus »Rauhe«.
Verabschiedung in Bochum: Koselleck übernahm am 1. April 1968 einen Lehrstuhl für Neuere Geschichte am Historischen Seminar der Universität Heidelberg, nachdem er seit September 1966 als ordentlicher Professor für Politische Wissenschaft mit Berücksichtigung der neueren Geschichte an der Ruhr-Universität Bochum gelehrt hatte. Blumenberg war bereits 1965 von Gießen nach Bochum gewechselt, wo er bis 1970 eine Professur bekleidete.
Juristen in Heidelberg versammelt: Wahrscheinlich handelte es sich um ein Treffen zur Planung der im Juni 1969 eröffneten Fakultät für Rechtswissenschaft der Universität Bielefeld.
Böckenförde: Der Staatsrechtler Ernst-Wolfgang Böckenförde (1930-2019), von 1983 bis 1996 Richter am Bundesverfassungsgericht, lehrte von 1964 bis 1969 als ordentlicher Professor in Heidelberg, danach in Bielefeld (1969-1977) und Freiburg (1977-1995) und stand in engem Austausch mit Koselleck, dem er sich auch in der Nähe zu Carl Schmitt verbunden wußte. Er war Gründungsmitglied des Wissenschaftlichen Beirats des Gründungsausschusses der Universität Bielefeld.
Meier: Der Althistoriker Christian Meier (geb. 1929), ordentlicher Professor in Basel (1966-1968; 1973-1976), Köln (1968-1973), Bochum (1976-1981) und München (1981-1997), war seit 1956 mit Koselleck befreundet. Er war Mitglied des Wissenschaftlichen Beirats des Gründungsausschusses der Universität Bielefeld und ab dem dritten Kolloquium regelmäßiger Gast der Forschungsgruppe »Poetik und Hermeneutik«.
Nörr: Der Rechtswissenschaftler Knut Wolfgang Nörr (1938-2018), von 1966 bis 1971 ordentlicher Professor in Bonn, danach in Tübingen, trat vor allem mit Schriften zur Rechtsgeschichte hervor. Er war Gründungsmitglied des Wissenschaftlichen Beirats des Gründungsausschusses der Universität Bielefeld.
Historicum: Gemeint ist die im April 1973 gegründete Fakultät für Geschichtswissenschaft der Universität Bielefeld, an der Blumenberg zu jener Zeit noch einen Lehrstuhl für Wissenschaftstheorie und Wissenschaftsgeschichte zu übernehmen beabsichtigte.
Ihre Frau: Ursula Blumenberg, geb. Heinck (1922-2010), verheiratet mit Hans Blumenberg seit dem 26. Juli 1945.

[7] KOSELLECK AN BLUMENBERG
HEIDELBERG, 8. AUGUST 1968

HISTORISCHES SEMINAR   69 HEIDELBERG 2, den 8.8.1968
DER UNIVERSITÄT   Neue Universität. Südflügel
Prof. Dr. R. Koselleck   Postfach 3065, Tel. 5 42 80

Herrn
Prof. Dr. Hans Blumenberg
463 Universität Bochum
Bochum-Querenburg
Buscheystraße

Lieber Herr Blumenberg,
aus dem beiliegenden Programm ersehen Sie, wie ich mir den Beginn unserer Symbiose vorstelle. Sollten Sie weitere Vorschläge und Ergänzungen oder Kritik anbringen wollen, so schreiben Sie doch bitte mir oder direkt an Herrn Mestmäcker.
In der Hoffnung, daß Sie schöne Ferien verbringen, grüßt Sie und Ihre Frau herzlich
Ihr
Koselleck

ÜBERLIEFERUNG O: Ts.; gedruckter Briefkopf; mit hs. Korrekturen und Unterschrift Kosellecks; DLA Marbach, Nachlaß Hans Blumenberg.

beiliegenden Programm: Nicht überliefert.
Beginn unserer Symbiose: Siehe Nr. 6, Anm., sowie das Nachwort der Herausgeber, S. 124-138.
Mestmäcker: Der Rechtswissenschaftler Ernst-Joachim Mestmäcker (geb. 1926), von 1979 bis 1994 Direktor am Max-Planck-Institut für ausländisches und internationales Privatrecht in Hamburg, war von 1967 bis 1969 Gründungsrektor der Universität Bielefeld.

[8] KOSELLECK AN BLUMENBERG
  O. O., O. D. [WOHL DEZEMBER 1968]

Widmung in: Reinhart Koselleck, »Vergangene Zukunft der frühen Neuzeit«, Sonderdruck aus: Epirrhosis. Festgabe für Carl Schmitt, hg. von Hans Barion, Ernst-Wolfgang Böckenförde, Ernst Forsthoff und Werner Weber, Berlin: Duncker & Humblot 1968, S. 549-566.

Mit herzlichen Wünschen für 1969
Ihr Koselleck

ÜBERLIEFERUNG O: Hs.; DLA Marbach, Bibliothek Hans Blumenberg.

»Vergangene Zukunft der frühen Neuzeit«: Auf Blumenbergs Leseliste unter dem Datum des 2. September 1969. Der Sonderdruck zeigt auf jeder Seite Unterstreichungen und gelegentliche Randbemerkungen, die teilweise auf Blumenbergs eigene Arbeiten verweisen, so etwa die Sigle LN auf S. 555, die sein Buch *Die Legitimität der Neuzeit* bezeichnet.

[9] BLUMENBERG AN KOSELLECK
O. O., O. D. [WOHL 1969]

Widmung in: Giordano Bruno, Das Aschermittwochsmahl, übersetzt von Ferdinand Fellmann, eingeleitet von Hans Blumenberg, Frankfurt a. M.: Insel 1969.

Herzliche Grüße
HB

ÜBERLIEFERUNG O: Hs.; DLA Marbach, Bibliothek Reinhart Koselleck.

Das Aschermittwochsmahl: Blumenbergs ausführliche Einleitung zu Brunos Text mit dem Titel »Das Universum eines Ketzers« ging später in überarbeiteter Form als Kapitel III.5 in *Die Genesis der kopernikanischen Welt* ein. Von Koselleck gibt es weder hier noch in dem entsprechenden Teil des Buchs Anstreichungen.

[10] KOSELLECK UND STEMPEL AN BLUMENBERG
KONSTANZ, 10. JULI 1969

Forschungsgruppe ›Poetik und Hermeneutik‹   10. Juli 1969
federführend für Kolloquium V
Reinhart Koselleck, 69 *Heidelberg*
Moltkestr. 8
Wolf-Dieter Stempel, 775 *Konstanz*
Universität, Fb. Sprachwissenschaft

Sehr verehrter Herr Kollege,

die Forschungsgruppe ›Poetik und Hermeneutik‹ lädt Sie mit diesem Schreiben zur Teilnahme an ihrem 5. Kolloquium ein. Das Thema lautet:
Geschichten und Geschichte (Arbeitstitel)
Teilnehmer, die an früheren Kolloquien noch nicht mitgewirkt haben, können die Einzelheiten der Durchführung aus der beigefügten Anlage II entnehmen; sie erhalten ausserdem im Winter Band IV von ›Poetik und Hermeneutik‹, der die Ergebnisse des letzten Kolloquiums enthält. Darüberhinaus sind die Unterzeichneten jederzeit zu weiterer Auskunft bereit.
Das Kolloquium soll vom 15. – 19. Juni 1970 (Anreise am 14. 6., Abreise am 20. 6.), voraussichtlich auf der Insel Reichenau im Bodensee, stattfinden. Als Ausweichtermin käme unter Umständen die Woche vom 7. – 11. September 1970 in Frage.
Wir erbitten Ihre Antwort bis *15. September 1969* mit, wenn irgend möglich, vorläufigen Angaben über das Thema der geplanten Vorlage, sowie der Mitteilung, ob Sie Ihre Teilnahme
   a) nur zum ersten oder nur zum zweiten Termin,
   b) zu beiden Terminen ermöglichen könnten.

Alle Korrespondenz ist zu richten an: Forschungsgruppe
›Poetik und Hermeneutik‹, Fachbereich Sprachwissenschaft
der Universität, 775 Konstanz.
Mit verbindlichen Empfehlungen
im Auftrag der Forschungsgruppe
Stempel Koselleck
Anlagen
I: Beschreibung des Themas
II: Mitteilungen über die Organisation des Kolloquiums

ÜBERLIEFERUNG O: Ts.; mit Originalunterschriften von Stempel
und Koselleck; DLA Marbach, Nachlaß Hans Blumenberg.

Stempel: Der Romanist Wolf-Dieter Stempel (geb. 1929) wurde 1954
in Heidelberg promoviert und lehrte später als ordentlicher Professor
in Bonn (1963-1967), Konstanz (1967-1972), Hamburg (1973-1985)
und München (1985-1994). Als enger Studienfreund von Hans Robert Jauß war er seit dem ersten Kolloquium Mitglied der Forschungsgruppe »Poetik und Hermeneutik«, 1970 organisierte er gemeinsam
mit Reinhart Koselleck das fünfte Kolloquium unter dem Titel »Geschichten und Geschichte« auf der Insel Reichenau. Vgl. Reinhart
Koselleck und Wolf-Dieter Stempel (Hg.), *Geschichte. Ereignis und
Erzählung* (Poetik und Hermeneutik V), München: Fink 1973.
lädt Sie mit diesem Schreiben: Der Einladung ging eine Abstimmung
zumindest zwischen Stempel und den drei Mitgliedern der alten Kerngruppe voraus. So schickte Stempel den Programmentwurf und die
Liste potentieller Teilnehmer am 30. Juni 1969 an Blumenberg und
bat ihn, ihm seine Kommentare dazu bis Mitte Juli mitzuteilen. Blumenberg antwortete am 4. Juli leicht verstimmt wegen der Kurzfristigkeit des Termins, signalisierte aber seine Zustimmung zum Exposé. Die Einladungsliste hielt er für verbesserungsfähig, ohne aber
schon konkrete Vorschläge zu machen. Verwundert zeigte er sich,
daß die Einladung so kurz vor der Sommerpause verschickt werden
sollte, da die Gefahr, daß sie in Vergessenheit gerate, dadurch wachse.
Stempel antwortete ihm am 15. Juli, also nach dem Versand der Einladungen, und versicherte, die Liste der Eingeladenen sei keineswegs
definitiv. Zugleich erläuterte er die Wahl der Insel Reichenau als
Tagungsort: Man habe sich für diesen Ort entschieden, weil er in hinreichender Distanz zu Konstanz liege, zugleich aber so nah, daß der

Reisekostenetat bei der Vielzahl regionaler Teilnehmer entlastet werde.
Band IV von ›Poetik und Hermeneutik‹: Manfred Fuhrmann (Hg.), *Terror und Spiel. Probleme der Mythenrezeption* (Poetik und Hermeneutik IV), München: Fink 1971.
Das Kolloquium soll ... stattfinden: Tatsächlich traf man sich dann vom 18. bis 23. Juni 1970 auf der Insel Reichenau.
Beschreibung des Themas: Vgl. das Exposé zum Kolloquium in Boden/Zill, S. 471-473.
Mitteilung über die Organisation des Kolloquiums: Nicht überliefert.

[11] KOSELLECK AN BLUMENBERG
O. O., O. D. [WOHL SEPTEMBER 1969]

Widmung in: »*Der neuzeitliche Revolutionsbegriff als geschichtliche Kategorie*«, *Sonderdruck aus: Studium Generale 22 (1969), S. 825-838.*

Herrn Blumenberg
mit herzlichen Grüssen –
RK

ÜBERLIEFERUNG O: Hs.; DLA Marbach, Bibliothek Hans Blumenberg.

September 1969: Naheliegende Datierung, insofern Koselleck in diesem Monat den Sonderdruck Carl Schmitt dedizierte (*BW Koselleck Schmitt*, S. 222).
»*Der neuzeitliche Revolutionsbegriff als geschichtliche Kategorie*«: Der Sonderdruck befindet sich in Blumenbergs Nachlaß, weist allerdings keine Unterstreichungen oder Anmerkungen auf. In der Leseliste erscheint der Titel nicht.

[12] KOSELLECK AN BLUMENBERG
HEIDELBERG, [WOHL SEPTEMBER/OKTOBER
1969]

Historisches Seminar der
Universität Heidelberg
Prof. Dr. R. Koselleck

Herrn
Prof. Dr. H. Blumenberg
4324 *Blankenstein*
Obere Raue Egge

Rundschreiben

Sehr geehrte Herren,
ich bitte Sie freundlich um Nachricht, ob es Ihnen recht ist, am 24./25. Oktober 1969 ein Treffen der Fachbereichskommission Geschichte in Bielefeld zu verabreden. Die Fachbereichskommission Sprachwissenschaften wird zur gleichen Zeit am gleichen Ort in jedem Fall tagen, sodaß wir für die gemeinsame Studienplanung auch eine gemeinsame Sitzung abhalten könnten. Außerdem ist beabsichtigt, daß auch die anderen Fachbereichskommissionen sich dann treffen werden, sodaß an Stelle einer Beiratssitzung eventuell eine erweiterte Zusammenkunft aller beteiligten Fachbereiche möglich ist.
Ich selber würde eine Zusammenkunft unseres Fachbereiches zum angegebenen Termin in jedem Fall begrüßen, daß wir erstens unsere Studienplanberatung abschließen können und zweitens mit den Sprachwissenschaftlern uns treffen können. Für weitere Tagesordnungspunkte bitte ich um Vorschläge.
Mit freundlichen Grüßen
Ihr
Koselleck

ÜBERLIEFERUNG O: Ts.; mit hs. Unterschrift Kosellecks; DLA Marbach, Nachlaß Hans Blumenberg (im Konvolut »Gründung Universität Bielefeld«).

ich bitte Sie freundlich um Nachricht: Eine Antwort Blumenbergs auf die Einladung ist nicht überliefert. Wie aus Nr. 13 hervorgeht, hat er aber nicht teilgenommen.

[13] KOSELLECK AN BLUMENBERG
HEIDELBERG, 21. NOVEMBER 1969

HISTORISCHES SEMINAR 69 HEIDELBERG 2, den 21.11.69
DER UNIVERSITÄT Neue Universität, Südflügel
Prof. Dr. R. Koselleck Postfach 3065, Tel. 54280

Herrn
Prof. Dr. Hans Blumenberg
4324 Blankenstein
Obere Rauhe Egge 29

Lieber Herr Blumenberg,
unser verabredetes Treffen stand offensichtlich unter einem ungünstigen Stern: Ich habe mich selbst mit Herrn Jauss und den Philologen zweimal in Bielefeld bzw. in Rheda verfehlt. Im Augenblick bin ich sowieso aktionsunfähig, da ich mich von einer Blinddarmoperation gerade erhole. Am 15. Dezember sind nun Herr Jauss und Herr Stempel mit mir in Heidelberg verabredet. Sollten Sie hinzustoßen wollen, so würde ich mich natürlich sehr freuen: Sie sind herzlich eingeladen. Im Januar werde ich sicher einmal nach Bochum kommen müssen, dann werde ich mich vorher telephonisch anmelden in der Hoffnung, daß wir uns treffen können. Ich würde mich auch gerne noch einmal über Bielefeld mit Ihnen unterhalten. Daß Sie auf der letzten Sitzung nicht viel versäumt haben, werden Sie aus dem beiliegenden Protokoll ersehen.
Mit herzlichen Grüßen, auch an Ihre Frau, bin ich
Ihr
Koselleck

ÜBERLIEFERUNG O: Ts.; gedruckter Briefkopf; mit hs. Korrektur und Unterschrift Kosellecks; DLA Marbach, Nachlaß Hans Blumenberg.

unser verabredetes Treffen: Wohl das in Nr. 12 anvisierte Treffen der Bielefelder Fachbereichskommission Geschichte.
Jauss: Hans Robert Jauß (1921-1997) studierte ab 1948 Romanistik in Heidelberg, wo er 1952 von Gerhard Hess mit der Arbeit *Zeit und Erinnerung in Marcel Prousts »A la recherche du temps perdu«. Eine Untersuchung zur Struktur des modernen Romans* promoviert wurde und sich 1957, ebenfalls bei Hess, auch habilitierte. Nach einer außerordentlichen Professur in Münster (1959-1961) lehrte er als ordentlicher Professor für romanische Philologie an der Justus-Liebig-Universität in Gießen (1961-1964) und schließlich von 1965 bis 1987 in Konstanz. In Gießen gründete er mit Blumenberg, Clemens Heselhaus und Wolfgang Iser die Forschungsgruppe »Poetik und Hermeneutik«, zu deren führendem Organisator er wurde. Koselleck kannte Jauß seit ihrer gemeinsamen Heidelberger Studienzeit; Blumenberg traf er zum ersten Mal 1959 in der von Hans-Georg Gadamer geleiteten Senatskommission für Begriffsgeschichte der Deutschen Forschungsgemeinschaft, seit dem Wintersemester 1961/62 waren beide in Gießen Kollegen. Nach 1997 wurde nach und nach bekannt, daß Jauß Mitglied der Waffen-SS war, wobei erst 2015 eine lebhafte öffentliche Debatte darüber einsetzte.
Rheda: Das Schloß Rheda unweit von Bielefeld war der erste Sitz des 1968 von Helmut Schelsky (siehe Nr. 30, Anm.) gegründeten Zentrums für interdisziplinäre Forschung (ZiF) der Universität Bielefeld, bevor dieses 1972 in sein neu errichtetes Gebäude am Bielefelder Wellenberg umzog. Schloß Rheda war auch der Veranstaltungsort des vierten Kolloquiums von »Poetik und Hermeneutik«, das Manfred Fuhrmann unter dem Titel »Realität mythischer Späthorizonte« im September 1968 organisierte. Dort wurde wie üblich auch das Thema des kommenden Kolloquiums vereinbart.
Sollten Sie hinzustoßen wollen: Schon in seinem Brief an Stempel vom 4. Juli 1969 hatte Blumenberg selbst zur weiteren Planung des nächsten Kolloquiums von »Poetik und Hermeneutik« ein Treffen im Herbst angeregt und somit zumindest zu diesem Zeitpunkt noch nichts von Rückzugsabsichten aus der Gruppe angedeutet. Stempel hatte daraufhin am 15. Juli diesen Wunsch akzeptiert und Blumenberg um einen Terminvorschlag gebeten.
beiliegenden Protokoll: Nicht überliefert.

[14] BLUMENBERG AN KOSELLECK
    BLANKENSTEIN, 7. DEZEMBER 1969

> 4324 Blankenstein, 7. 12. 69
> Obere Rauhe Egge 29

Lieber Herr K o s e l l e c k ,
vorab beste Wünsche zur Erholung vom Blinddarm; wir hatten auch gerade unseren dritten Kinderappendicitisfall.
Ihre Mitteilung, daß Sie im Januar in Bochum sein werden, erleichtert mir die Antwort auf Ihre Einladung zum 15. Dezember. Es würde mir sehr schwer, ein Stück aus dieser Woche herauszubrechen. Ich vertrete in diesem Semester neben voller Lehrtätigkeit in Bochum den Ritterschen Lehrstuhl in Münster, um die Schuld an der Dauer der Berufungsvorgänge leichter tragen zu können. Was »Poetik und Hermeneutik« angeht, so ist ja durch das Rundschreiben von Herrn I s e r praktisch die Situation einer Neugründung eingetreten, und ich beabsichtige nicht, der neuen Unternehmung beizutreten.
Ganz unabhängig davon würde ich mich sehr freuen, wenn wir uns im Januar sehen könnten. Die Verwirrung um die Wissenschaftsgeschichte erreicht im Lande NRW gerade in diesen Tagen einen neuen Höhepunkt durch eine von Herrn L ü b b e herausgegebene Information über neue Schwerpunktbildung in Bochum. Ich glaube aber, daß die reduzierte Ein-Lehrstuhl-Planung von Bielefeld durch diese Wendung nicht betroffen würde. Aber uU verbirgt sich hinter Ihrem Satz, es sei über Bielefeld zu reden, bereits eine weitergehende Information. Größere Rücksichten als die bisherigen minimalen gegenüber meiner Person sollten in dieser Sache auch künftig nicht genommen werden.
Ich wünsche Ihnen und Ihrer Familie zur »bevorstehenden« Jahreswende alles Gute und bleibe
Ihr Blumenberg

PS. Vielen Dank für den »Revolutionsbegriff«. Ich bin gegenüber Ihrer Produktivität leicht im Rückstand, nämlich auf S. 121 Ihres Preußen-zwischen-Buches. So kann ich nur hoffen, daß der Blinddarm Ihnen eine größere Pause aufnötigt.

ÜBERLIEFERUNG K: TsD.; mit hs. Unterschrift Blumenbergs; DLA Marbach, Nachlaß Hans Blumenberg.

Ihre Einladung zum 15. Dezember: Siehe Nr. 13.
den Ritterschen Lehrstuhl in Münster: Blumenberg erhielt am 6. August 1969 einen Ruf auf die Nachfolge von Joachim Ritter in Münster, die Verhandlungen zogen sich aber in die Länge, so daß die Einstellung erst zum 1. April 1970 erfolgte. Da er also im Wintersemester 1969/70 offiziell noch in Bochum war, mußte er dort auch weiter seine Lehrverpflichtungen erfüllen; gleichzeitig vertrat er aber bereits die vakante Stelle in Münster, wo er vier Semesterwochenstunden anbot.
Iser: Der Anglist Wolfgang Iser (1926-2007) wurde 1950 in Heidelberg promoviert, wo er sich 1957 auch habilitierte. Er lehrte als ordentlicher Professor in Würzburg (1960-1963), Köln (1963-1967) und Konstanz (1967-1991). Mit seinem Namen ist die Konzeption der Wirkungsästhetik verbunden. Jauß und Iser kannten sich seit der gemeinsamen Heidelberger Studienzeit, Blumenberg lernte er in Würzburg kennen, dann aber vor allem während der gemeinsamen Arbeit bei »Poetik und Hermeneutik«.
Situation einer Neugründung: Blumenberg, Iser und Jauß hatten sich schon im September 1966 mit dem Mitorganisator der Forschungsgruppe, Clemens Heselhaus, überworfen. U.a. war strittig, wo das organisatorische und finanzielle Zentrum der Gruppe nach dem Weggang von Blumenberg (1965 nach Bochum) und Jauß (nach Konstanz) angesiedelt sein sollte. Nach der Trennung von Heselhaus war klar, daß die Organisation der Gruppe eine breitere Basis erhalten und der beständige Kern der Mitglieder auf zwölf Personen erweitert werden sollte; gleichzeitig zog sich Blumenberg aber mehr und mehr zurück, weil der Ertrag der Treffen den großen Arbeitsaufwand für ihn nicht mehr zu rechtfertigen schien. In diesem Zusammenhang verfaßte Iser den hier erwähnten Brief, mit dem er im Namen auch von Blumenberg und Jauß neun weitere Kollegen zur intensivierten Mitarbeit einlud (vgl. das Nachwort der Herausgeber, S. 121 f.).
Lübbe: Der Philosoph Hermann Lübbe (geb. 1926) nahm nach Pro-

fessuren in Erlangen, Hamburg, Köln und Münster 1963 einen Ruf nach Bochum an (und machte damit Blumenbergs Hoffnungen, ihn nach Gießen zu holen, zunichte). Von 1969 bis 1973 war er ordentlicher Professor für Sozialphilosophie an der Universität Bielefeld, dann bis zu seiner Emeritierung 1991 ordentlicher Professor für Philosophie und Politische Theorie an der Universität Zürich. Während seiner Bochumer und Bielefelder Jahre war Lübbe hochschulpolitisch äußerst einflußreich, nicht zuletzt als Staatssekretär im Düsseldorfer Kultusministerium (1966-1969) bzw. beim nordrhein-westfälischen Ministerpräsidenten (1969-1970). Auch bei der Berufung Blumenbergs nach Bochum war er die treibende Kraft. Obwohl er nicht zum inneren Kreis von »Poetik und Hermeneutik« gehörte, nahm er an mehreren Tagungen der Gruppe teil. In der Säkularisierungsdebatte zählte Lübbe zu den von Blumenberg positiv rezipierten Autoren (vgl. Hans Blumenberg, *Die Legitimität der Neuzeit*, Frankfurt a. M.: Suhrkamp 1966, S. 12-20; 1974, S. 13-19).
neue Schwerpunktbildung in Bochum: Zur Geschichte der Wissenschaftsgeschichte an den Universitäten Bochum und Bielefeld vgl. das Nachwort der Herausgeber, S. 127-133.
reduzierte Ein-Lehrstuhl-Planung von Bielefeld: Siehe Nr. 18, Anm.
»Revolutionsbegriff«: Koselleck, »Der neuzeitliche Revolutionsbegriff als geschichtliche Kategorie«; siehe Nr. 11.
Ihres Preußen-zwischen-Buches: Reinhart Koselleck, *Preußen zwischen Reform und Revolution. Allgemeines Landrecht, Verwaltung und soziale Bewegung von 1791 bis 1848*, Stuttgart: Klett 1967. Siehe Nr. 26, Anm.

[15] Koselleck an Blumenberg
Heidelberg, 26. Februar 1970

HISTORISCHES SEMINAR 69 HEIDELBERG 2, den 26.2.1970
DER UNIVERSITÄT Neue Universität, Südflügel
Prof. Dr. R. Koselleck Postfach 3065, Tel. 54280

Herrn
Prof. Dr. Hans Blumenberg
4324 Blankenstein
Obere Rauhe Egge 29

Sehr verehrter, lieber Herr Blumenberg,
haben Sie und Ihre Frau zunächst noch einmal meinen herzlichen Dank für die schönen Mittagsstunden, die ich neulich bei Ihnen verbringen konnte.
Ich telephonierte eben mit Herrn Stempel und er ging gerne darauf ein, daß Herr Fellmann über das Thema The ideal chronicler und der la Place'sche Dämon auf der Insel Reichenau referieren möge. (Wir haben inzwischen einen größeren Saal angeboten bekommen, um mehr Leute unterbringen zu können.)
Freilich war Herr Stempel sehr betroffen, von mir hören zu müssen, daß Sie so wenig geneigt sind, selber an der Tagung teilzunehmen. Es fiele uns wirklich sehr schwer, auf Sie, lieber Herr Blumenberg, verzichten zu müssen. Sie sind schließlich der einzige, dessen theoretischer Rahmen so weit gespannt ist, daß er alle unsere Fragestellungen in diesem Kolloquium umgreift. Deshalb möchte ich Sie, auch im Namen von Herrn Stempel, noch einmal herzlich bitten, daß Sie uns Ihre Präsenz nicht vorenthalten. Herr Stempel läßt gerade die Liste tippen, auf der die geplanten Vorlagen zusammengestellt sind von all den Teilnehmern, die zugesagt haben. Ich könnte mir gut vorstellen, daß es Ihnen doch große Freude macht, mit einer eige-

nen Vorlage hinzuzukommen. Über den Themenkreis der Vergeschichtlichung der Philosophie werden Sie sicherlich in Kürze das Beste zu formulieren wissen. Aber darüber hinaus sind es ja bekanntlich Ihre Diskussionsbeiträge, die immer wieder richtungsweisend eingegriffen haben. Ohne Ihre Gegenwart wäre unser Kolloquium nicht nur um eine Person, sondern auch um eine Dimension ärmer.
Mit herzlichen Grüßen, auch an Ihre Frau, verbleibe ich
Ihr
Koselleck

ÜBERLIEFERUNG O: Ts.; gedruckter Briefkopf; mit hs. Korrekturen und Unterschrift Kosellecks; DLA Marbach, Nachlaß Hans Blumenberg.

die schönen Mittagsstunden: Der in Nr. 13 und 14 anvisierte Besuch Kosellecks bei Blumenberg im Januar.
Herr Fellmann: Der Philosoph Ferdinand Fellmann (1939-2019) folgte 1962 Hans Robert Jauß mit dem Ziel einer romanistischen Promotion nach Gießen, wechselte dort aber zu Hans Blumenberg, der ihn 1967 mit einer Arbeit über Nikolaus Oresme promovierte. Er wurde in Gießen zudem Blumenbergs Assistent, der ihn auch in Bochum und Münster weiterbeschäftigte. 1973 habilitierte er sich mit der Arbeit *Das Vico-Axiom*. 1980 erhielt er eine Professur in Münster, 1994 übernahm er die Gründungsprofessur für Philosophie und Wissenschaftstheorie an der Technischen Universität Chemnitz. Ursprünglich einer der engsten Mitarbeiter Blumenbergs, wurde er nach dessen Abkehr von der Wissenschaftsgeschichte zu einem scharfen Kritiker der neuen Ansätze seines alten Lehrers.
auf der Insel Reichenau: Das fünfte Kolloquium der Forschungsgruppe »Poetik und Hermeneutik« fand vom 18. bis 23. Juni 1970 auf der Insel Reichenau statt. Siehe Nr. 10. Fellmanns Vortrag ist veröffentlicht als »Das Ende des Laplaceschen Dämons«, in: Reinhart Koselleck und Wolf-Dieter Stempel (Hg.), *Geschichte – Ereignis und Erzählung* (Poetik und Hermeneutik V), München: Fink 1973, S. 115-138.
die geplanten Vorlagen: Zu den Prinzipien der Forschungsgruppe gehörte es, daß auf den Kolloquien keine Vorträge gehalten wurden,

die Beiträge vielmehr vorab verschickt und von allen Teilnehmern gelesen wurden. Bei dem Treffen selbst wurde der Text nur noch einmal zur Erinnerung von einem anderen Teilnehmer kurz vorgestellt und dann von allen ausführlich diskutiert.

[16] BLUMENBERG AN KOSELLECK
BOCHUM, 26. MÄRZ 1970

26. März 1970
Prof. Dr. H. Blumenberg

Herrn Professor
Dr. R. K o s e l l e c k
69 *Heidelberg*
Moltkestraße 8

Sehr verehrter, lieber Herr Koselleck!
Es fällt mir schwer, auf Ihren so freundlichen Brief vom 26. Februar keine bessere Antwort zu wissen als die, daß ich aus denselben Gründen, die ich Ihnen persönlich genannt habe, an meinem Fernbleiben festhalte. Sie haben inzwischen vielleicht doch das Rundschreiben vom 28. Oktober 1969 aufgefunden, mit dem Herr I s e r die Neugründung der Forschungsgruppe einem Personenkreis bekanntgegeben hat, zu dem auch Sie gehören. In diesem Rundschreiben wird ausdrücklich Zustimmung »bis etwa Mitte November« von den Adressaten erbeten. Ich habe gegen die neue Konstruktion meine Bedenken schon vorher vorgebracht, der Absicht des Rundschreibens aber nicht widersprochen. Die erbetene neue Beitrittserklärung habe ich jedoch nicht abgegeben und gehöre daher dem neu konstituierten Kreis nicht an. Die Initiatoren des Rundschreibens konnten niemals einen Zweifel daran haben, daß ich mich der Auffassung anschließen würde, die bisherigen Mitglieder des Redaktionskomitees könnten ihre »initiierende Aufgabe nunmehr als erfüllt« ansehen. Bitte, lieber Herr Koselleck, haben Sie Verständnis dafür, daß ich hinter diese großzügige Selbstauslegung nicht wieder zurückfallen möchte. Daß durch die Vergrößerung des Kreises die Arbeit der Forschungsgruppe »auf ein breiteres Fundament gestellt« würde, halte ich nicht so sehr für eine bloße Illusion (als solche wäre sie entschuldbar), sondern für eine Fiktion zur Konzentrierung des Einflusses auf die Hauptstadt der Gruppe.

Ich bitte Sie, lieber Herr Koselleck, mir Ihr freundliches Wohlwollen trotz dieser Antwort auf Ihren Brief auch fernerhin zu erhalten, und bleibe
mit herzlichen Grüßen und guten Wünschen
Ihr sehr ergebener

ÜBERLIEFERUNG K: TsD.; mit hs. Korrektur Blumenbergs; DLA Marbach, Nachlaß Hans Blumenberg.

Ihren so freundlichen Brief vom 26. Februar: Siehe Nr. 15.
das Rundschreiben / Iser / Neugründung: Siehe Nr. 14.
Hauptstadt der Gruppe: Gemeint ist Konstanz, an dessen Universität inzwischen nicht nur Hans Robert Jauß berufen worden war, sondern auf sein Betreiben hin auch eine große Zahl weiterer Mitglieder von »Poetik und Hermeneutik«. In seinen »Wissenschaftlichen Memorabilien« erinnerte sich Jauß 1975: »Der Schritt von Gießen nach Konstanz oder – wie Blumenberg in einer spöttischen Widmung formulierte – meine ›Konstantianische Wende‹ war in mancher Hinsicht risikoreich. Gerhard Hess als Gründerfigur, von dem zunächst alle Chance des Neubeginns abzuhängen schien, geriet in das Räderwerk zwischen dem Kultusministerium und Ralph [sic] Dahrendorf als panideologischem Chefideologen [...]. Die Gruppenberufung der ›Poeten und Hermeneuten‹ stieß auf äußere und innere Widerstände, so daß es mir als ›Gruppentheoretiker‹ nur gelang, die fünf Literaturwissenschaftler [d.s. Fuhrmann, Iser, Preisendanz, Striedter und zunächst als Jauß' Assistent Karlheinz Stierle] und W.D. Stempel, nicht aber Blumenberg, Koselleck und Imdahl nach Konstanz zu schleusen. [...] Der härteste Schlag für mich war das Scheitern der Absicht, Blumenberg in den Gründungsausschuß hereinzubekommen, nachdem er und ich schon sehr konkrete Planungen und auch Memoranden ausgearbeitet hatten. Die dazugehörigen Kabalen, Intrigen und Trotzreaktionen nachzuerzählen, erscheint mir wenig sinnvoll. Doch gibt es auch noch aus der jetzigen Distanz zu denken, wenn man sich Blumenberg statt Kambartel, Koselleck statt Franz Georg Meier und Imdahl an der Seite der Literaturwissenschaftler vorstellt. Die Philosophische Fakultät hätte ein anderes Gesicht bekommen und wäre besser in der Lage gewesen, den pansoziologischen Wunschträumen Einhalt zu gebieten« (S. 33, DLA Marbach, Nachlaß Jauß). Siehe auch Nr. 14, Anm.

[17] Koselleck an Blumenberg
Heidelberg, 22. April 1970

HISTORISCHES SEMINAR 69 HEIDELBERG 2, den 22.4.1970
DER UNIVERSITÄT Neue Universität, Südflügel
Prof. Dr. R. Koselleck Postfach 3065, Tel. 5 42 80

Herrn
Prof. Dr. Hans Blumenberg
463 Bochum-Querenburg
Buscheystraße

Sehr verehrter, lieber Herr Blumenberg,
haben Sie freundlichen Dank für Ihren Brief vom 26. März, so leid mir dessen Inhalt tut. Ich habe in der Tat noch kein Rundschreiben von Herrn Iser erhalten, obwohl ich von dem Plan, die Forschungsgruppe auf zwölf Personen auszuweiten, mündlich von Herrn Jauss schon gehört hatte. Wenn ich mich an der Vorbereitung für das kommende Colloquium persönlich beteilige, so nicht zuletzt deshalb, um meine Dankesschuld abzutragen, die ich gegenüber den bisherigen Veranstaltern und Veranstaltungen empfinde. Um so mehr tut es mir leid, zu hören, daß Sie nunmehr ausscheren werden. Wie sehr ich das bedaure, brauche ich nicht zu wiederholen, aber Sie dürfen dessen versichert sein, daß ich Ihre Abwesenheit als einen schweren Schaden für das Unternehmen betrachte.
Wie steht es mit der Aussicht, daß Sie nach Münster gehen? Der Fachbereich für Geschichtswissenschaft an der Universität Bielefeld wird demnächst tagen; sobald der Termin feststeht, werde ich Sie deshalb noch einmal anrufen.
Es grüßt Sie und Ihre Frau herzlich
Ihr
Koselleck

ÜBERLIEFERUNG O: Ts.; gedruckter Briefkopf; mit hs. Korrektur und Unterschrift Kosellecks; dabei Briefumschlag mit Poststempel vom 25. April 1970; DLA Marbach, Nachlaß Hans Blumenberg (im Konvolut »Gründung Universität Bielefeld«).

Ihren Brief vom 26. März: Siehe Nr. 16.
Rundschreiben: Siehe Nr. 14 und 15.
das kommende Colloquium: Das fünfte Kolloquium von »Poetik und Hermeneutik«, vgl. Nr. 10 und 14.
Aussicht, daß Sie nach Münster gehen: Siehe Nr. 14.

[18] KOSELLECK AN BLUMENBERG
HEIDELBERG, 27. APRIL 1970

Fachbereichskommission der
Geschichtswissenschaft an
der Universität Bielefeld

Prof. Dr. R. Kosselleck

6900 Heidelberg
Moltkestr. 7
tel. (06221) 46969

27.IV. 1970

Sehr geehrter Herr Kollege,
hiermit lade ich Sie entsprechend der telefonischen Vorabsprache zur nächsten Sitzung der Fachbereichskommission nach Heidelberg ein.
Beginn: Mittwoch, den 6. Mai 1970, 15.00.
Ort: Historisches Seminar, Neue Universität, Eingang Hexenturm.
Ende: Donnerstag, den 7. Mai 1970 (Christi Himmelfahrt), gegen Mittag.
Tagesordnung:
1. Genehmigung des Protokolls der Sitzung vom 17./18. Februar 1970
2. Ziel und Aufbau des Studiums und Struktur der Fakultät (U. a. Problem der Lehrerbildung hinsichtlich des Schulfaches »Gemeinschaftskunde«; Stellung zur Politikwissenschaft, Soziologie, Wirtschaftswissenschaft; Fortsetzung der Diskussion des Aufbaustufenplans; Baukasten-System. Ausarbeitungen von Campe, Dreitzel und Kosselleck als Gesprächsgrundlage werden noch zugesandt.)
3. Bibliotheksaufbau: Grundfragen der Systematik.
4. Personalfragen.
   a) Verfahren bei Besetzung der Assistenten-Stellen;
   b) Berufungen: Stand und Vorbesprechung für 1971;
   c) Bewerbungen.

5. ZIF – Tagung über die Zusammenarbeit der Sozialwissenschaften im Hinblick auf Studiengang und Aufbau der Fakultät für Geschichtswissenschaft.
6. Verschiedenes.

Bitte teilen Sie mir umgehend mit, ob ich Ihnen ein Hotelzimmer reservieren lassen soll.

Mit freundlichen Grüßen
Ihr
Koselleck

Beilage: Protokoll der Fachbereichssitzung vom 17./18. Februar 1970

ÜBERLIEFERUNG O: Ts.; mit hs. Unterschrift Kosellecks sowie Beilage »Protokoll der Fachbereichssitzung vom 17./18. Februar 1970«; DLA Marbach, Nachlaß Hans Blumenberg.

Kosselleck: Falsche Schreibung des Namens im Original.
Genehmigung des Protokolls der Sitzung vom 17./18. Februar 1970: Auf dieser Sitzung wurden zunächst das Verhältnis der Linguistik und Literaturwissenschaft sowie der Theologie zum geplanten Geschichtsstudium an der Universität Bielefeld und der Aufbaustufenplan des Faches für die Jahre 1970 bis 1975 besprochen. Dabei ging es um Neubauten, die Ausstattung der Bibliothek, die »ausreichende Ausstattung an fotomechanischen Geräten« und die Personalstruktur. Eine im Protokoll abgedruckte Absichtserklärung hat Blumenberg dreifach am Rand angestrichen: »Der Lehrstuhl für Wissenschaftstheorie und -geschichte wird weiterhin in der Planung vorgesehen, obwohl Herr Blumenberg, der für die Besetzung in Aussicht genommen war, durch seine Berufung nach Münster als künftiger Lehrstuhlinhaber nicht mehr in Frage kommt.« (S. 4) Eine Berufung auf eine ordentliche Professur zog eine mehrjährige Sperrfrist für Weiterbewerbungen nach sich, die vom Ministerium auch strikt eingehalten wurde. Blumenberg blieb aus diesem Grund 1972 ein Wechsel nach München verwehrt.

Unter »Verschiedenes« strich Blumenberg eine weitere Passage am Rand an: »Die Fachbereichskommission nimmt zur Kenntnis, daß Herr Elm wahrscheinlich in nächster Zeit einen Ruf an die TH Braunschweig erhält. Im Sinne der Entscheidung des Gründungsausschusses, daß die bei der Planung beteiligten Akademischen Lehrer bevorzugt berufen werden sollen, beauftragt die Fachbereichskommission Herrn Koselleck, die erforderlichen Verhandlungen zu führen, um Herrn Elm für die Universität Bielefeld zu gewinnen.« Der Mediävist Kaspar Elm (1929-2019), der als Mitglied der Kommission bei dieser Sitzung anwesend war, erhielt den Ruf und lehrte von 1969 bis 1974 als ordentlicher Professor für Mittelalterliche Geschichte in Bielefeld. Ob Blumenberg ein vergleichbares Angebot gemacht wurde, ist nicht bekannt. Er nahm zu diesem Zeitpunkt nicht mehr an den Sitzungen der Fachbereichskommission teil.

ZIF: Zentrum für interdisziplinäre Forschung (ZiF). Siehe Nr. 13, 30 und 34 mit Anm.

[19] BLUMENBERG AN KOSELLECK
O. O., 1. JUNI 1970

Widmung in: Hans Blumenberg, Selbsterhaltung und Beharrung. Zur Konstitution der neuzeitlichen Rationalität (= Abhandlungen der geistes- und sozialwissenschaftlichen Klasse, Jg. 1969, Nr. 11), Wiesbaden: Akademie der Wissenschaften und Literatur 1970.

Lieber Herr Koselleck, nehmen Sie dies bitte als Zeichen meines Bedauerns, mit Ihnen nicht den Bodensee retten zu können, und als Ersatz einer Zeichnung 1.6.70
Ihr Hans Blumenberg

ÜBERLIEFERUNG O: Hs.; DLA Marbach, Bibliothek Reinhart Koselleck.
Zitiert nach dem DLA-Katalog, da als vermißt gemeldet.

den Bodensee retten zu können: Anspielung auf Blumenbergs Weigerung, der in Konstanz neu formierten Gruppe »Poetik und Hermeneutik« weiterhin anzugehören bzw. an deren fünftem Kolloquium teilzunehmen. Siehe Nr. 16 und 17.
Ersatz einer Zeichnung: Vielleicht bezieht Blumenberg sich hier auf Kosellecks Gewohnheit, bei Tagungen und anderen akademischen Veranstaltungen karikaturartige Porträtzeichnungen von Teilnehmern anzufertigen.

[20] Koselleck an Blumenberg
Heidelberg, 23. Juni 1971

Koselleck
ARBEITSKREIS FÜR MODERNE SOZIALGESCHICHTE E.V.
HEIDELBERG

Herrn
Prof. Dr. Hans Blumenberg
4400 Münster   69 HEIDELBERG, DEN 23.6.1971
Universität   BERGHEIMER STRASSE 104-106
Philosophisches Seminar   TELEFON 2 52 28, 2 64 29, APP. 91
     Prof. Kos./Bö.

Lieber Herr Blumenberg,
nun ist es schon über ein Jahr her, daß Sie mir Ihre Arbeit über Selbsterhaltung und Beharrung übersandt haben. In der Tat hätte diese großartige Studie ausgezeichnet in unsere Reichenauer Thematik hineingepaßt. Die Tagung auf der Reichenau war, wie Sie von Herrn Fellmann schon gehört haben werden, nicht sehr glücklich verlaufen. Mitten im Semester hatte ich nicht genügend Zeit, mich vorzubereiten; der Teilnehmerkreis war zu heterogen; der abendliche Auslauf war zu sehr gesteuert durch die Einladungen seitens der Konstanzer Kollegen, die zum Abendessen nach Hause strebten. – Ihre Thematik war auch von Herrn Buck behandelt worden, für den Zeitraum zwischen Hobbes und Rousseau; Sie werden die Vorlage ja eingesehen haben.
Was nun Ihre eigene Studie betrifft, so kann ich nur bewundern, mit welcher Kunst Sie den jeweiligen Argumentationshaushalt auf seine Lücken hin zu untersuchen fähig sind. Wie Sie durch eine Abschichtung der metaphorischen Bedeutungen zu einer Geschichte vorstoßen, die mehr ist als eine Geschichte des Geistes, ist methodisch sicher nicht mehr zu übertreffen. Sachlich traue ich mir keine Kritik zu, da ich die von

Ihnen interpretierten Texte zu wenig kenne. Ihr Stil, wenn ich das sagen darf, strengt mich manchmal an wegen der Häufung von Substantiven, vor allem in Genitiv-Reihungen. – Eine gewisse private Freude habe ich dabei empfunden, daß Sie einen meiner hugenottischen Vorfahren, nämlich Formey, auseinandergenommen haben. Ich kenne ihn eigentlich nur im Goldrahmen.
Was mich gerade heute veranlaßt, zu schreiben, ist eine Bitte: Sie können aus der beiliegenden Einladung ersehen, welches Thema sich der Arbeitskreis für moderne Sozialgeschichte gestellt hat. Wir wollen im Herbst nächsten Jahres über den Beginn der Neuzeit eine Tagung abhalten, über deren methodischen Voraussetzungen Sie das beiliegende Schreiben unterrichtet.
Meine Frage ist nun, ob Sie Lust und Interesse haben, an dieser Tagung teilzunehmen, wenn möglich mit einem Referat, über dessen Eingrenzung Sie am besten selber befinden müßten. Ich kann nicht unmittelbar beurteilen, ob Ihnen unsere Fragestellung zusagt, denn von der »Legitimität der Neuzeit« her werden Sie mit ganz anderen Zeitfristen und Epochenschwellen arbeiten. Eine mögliche Eingrenzung der Fragestellung von Ihren eigenen Interessen her wäre etwa, über die philosophischen Voraussetzungen der modernen Technik zu sprechen. Dann könnten Sie eine Hintergrundsgeschichte liefern, die vom Ergebnis her sicher erst im 18. und 19. Jahrhundert sozial und politisch wirksam wird.
Ich bin natürlich gerne bereit, mit Ihnen persönlich über all dies zu sprechen, sei es daß Sie der Weg einmal nach Heidelberg führt, sei es daß ich auf einer meiner Bielefelder Reisen Sie aufsuchen dürfte.
In jedem Fall grüßt Sie und Ihre Frau herzlich
Ihr
Reinhart Koselleck

Anlagen
1 Einladung
1 Rundschreiben (Sonderdruck)

ÜBERLIEFERUNG O: Ts.; gedruckter Briefkopf; mit hs. Korrekturen und Unterschrift Kosellecks; DLA Marbach, Nachlaß Hans Blumenberg.

Arbeitskreis für moderne Sozialgeschichte: Auf Kooptation beruhende interdisziplinäre Professorengruppe, die 1956/57 von Werner Conze gegründet wurde und 1963 den Rechtsstatus eines eingetragenen Vereins erhielt. Zur achtköpfigen Anfangsbesetzung gehörten außer Conze noch der Mediävist Otto Brunner, die Neuhistoriker Richard Nürnberger und Theodor Schieder, die Wirtschaftshistoriker Ludwig Beutin und Wilhelm Treue sowie die Soziologen Gunther Ipsen, Carl Jantke und Georg Weippert; später stießen neben anderen auch der Soziologe Rainer Lepsius (1967) sowie die Historiker Thomas Nipperdey (1968) und Hans-Ulrich Wehler (1970) dazu. Von den seit 1957 zweimal im Jahr stattfindenden Tagungen des Arbeitskreises sowie den Publikationen seiner Reihe »Industrielle Welt« gingen zentrale Impulse für die Entwicklung der Sozialgeschichte in der Bundesrepublik aus. Auch das Wörterbuch-Projekt *Geschichtliche Grundbegriffe* wurde im Auftrag des Arbeitskreises auf den Weg gebracht und herausgegeben. Koselleck war seit 1965 Mitglied und fungierte nach Conzes Tod im Jahr 1986 für neun Jahre als Vorsitzender.
Arbeit über Selbsterhaltung und Beharrung: Hans Blumenberg, *Selbsterhaltung und Beharrung.* Siehe Nr. 19.
Tagung auf der Reichenau: Siehe Nr. 14.
Herrn Buck: Der Romanist August Buck (1911-1998), von 1957 bis 1979 ordentlicher Professor in Marburg, trat vor allem mit Arbeiten zur Renaissance- und Humanismusforschung hervor. Seit dem fünften Kolloquium war er ein häufiger Gast bei »Poetik und Hermeneutik«. Seine Vorlage auf dem von Koselleck und Stempel organisierten Treffen trug den Titel »Selbsterhaltung und Historizität« und nahm auch ausführlich Bezug auf die Arbeiten Blumenbergs.
Formey: Jean Henri Samuel Formey (Johann Heinrich Samuel Formey, 1711-1797), hugenottisch-preußischer Theologe und Philosoph, Mitglied der Königlichen Akademie der Wissenschaften in Berlin. Koselleck hatte über seine Mutter Elisabeth (geb. Marchand) hugenottische Vorfahren.

Als Verfasser des Stichworts »conservation« im vierten Band der *Encyclopédie* (siehe Nr. 26, Anm.) steht Formey am Anfang von Blumenbergs begriffsgeschichtlicher Studie *Selbsterhaltung und Beharrung* (siehe Nr. 19), dies allerdings nicht wegen seiner philosophiehistorischen Kompetenz, sondern wegen seiner intellektuellen Bedeutsamkeit, denn gelegentlich »verhelfen zweitrangige Texte, gerade weil sie präparativ verfahren, dazu, einen Sachverhalt schärfer wahrzunehmen« (ebd., S. 4 bzw. 336). So sei auch Formeys Text vor allem eklektisch und kombiniere klassische metaphysische Positionen von Leibniz und Wolff mit einer Prise Hume.
An Hans Robert Jauß schrieb Blumenberg 1966 im Rahmen von Vorüberlegungen zu einer gemeinsam geplanten sechsbändigen zweisprachigen Diderot-Ausgabe, an der sich auch Koselleck beteiligen sollte: »Ich habe in der letzten Zeit in dem von Herrn Holzboog gestifteten Neudruck der ersten vier Bände manchen interessanten Fund gemacht, z. B. zu einer Begriffsgeschichte von conservatio im Sinne von ›Selbsterhaltung‹. Nun ist der von Formey gezeichnete Artikel zu diesem Begriff in der Dogmatik höchst konventionell, wenn auch in einigen Formulierungen überraschend. Besonders interessant aber ist, daß sich hinter der Zeichnung des Autors ein vierzeiliger Zusatz befindet, der den ganzen Gedankengang des Artikels ironisch aufhebt. Dieser Zusatz ist ungezeichnet.«
über den Beginn der Neuzeit eine Tagung: Die 25. Tagung des Arbeitskreises für moderne Sozialgeschichte zum Thema »Beginn der modernen Welt (IV)« fand vom 10. bis 12. Oktober 1972 im Zentrum für interdisziplinäre Forschung auf Schloß Rheda statt.
»Legitimität der Neuzeit«: Hans Blumenberg, *Die Legitimität der Neuzeit*, Frankfurt a.M.: Suhrkamp 1966 (Kosellecks annotiertes Exemplar mit Besitz- und Datumsvermerk befindet sich im DLA Marbach, Bibliothek Koselleck).
Hintergrundsgeschichte: Anspielung auf einen zentralen Terminus bei Blumenberg, dessen erstes Buch, *Die kopernikanische Wende* (siehe Nr. 3), wie folgt beginnt: »Was bedeutet es, ein Ereignis aus der Geschichte der Naturwissenschaften, wie das der kopernikanischen Reform, auf seinen philosophischen Hintergrund hin zu befragen? Wenn wir vom Hintergrund eines geschichtlichen Prozesses sprechen, so meinen wir nicht das, was ihn motiviert und determiniert, aber auch nicht etwas für den Vorgang Gleichgültiges und ihn nur Illustrierendes. Hintergrund ist das, was einen bestimmten Spielraum möglicher Veränderungen eröffnet, was bestimmte Schritte zuläßt und andere ausschließt. Hintergrund setzt Enge oder Weite, Beschränkung oder Freizügigkeit, den Horizont, in dem nach neuen Möglich-

keiten gesucht werden kann, oder die einschließende Wand, auf der sich die altvertrauten Bilder und die Schatten des Bestehenden wiederholen« (S. 7).
Einladung: Bei der »Einladung« handelt es sich um kein direktes Anschreiben, sondern um ein vierseitiges Exposé. Das Thema der Tagung lautet dort »Der Beginn der modernen Welt«, die Fragestellung wird u. a. wie folgt formuliert:
»Seit langem hat sich die herkömmliche Definition von dem Beginn der Neuzeit und dem Ende des sogenannten Mittelalters als unzureichend erwiesen. Grob gesprochen hat sich in der Historiographie eine Verlagerung vom Beginn der Neuzeit aus dem Zeitraum der Reformation und der Renaissance in den Zeitraum des 18. Jahrhunderts, d. h. der französischen und der industriellen Revolution durchgesetzt. Diese Verschiebung hat viele Gesichtspunkte für sich, ohne daß sie bisher systematisch gebündelt worden wären. Der Terminus einer ›frühen Neuzeit‹ ist z. B. eine daraus sich ergebende Verlegenheitslösung. In sozial- und verfassungsgeschichtlicher Hinsicht läßt sich etwa der Zeitraum vom Spätmittelalter bzw. vom Hochmittelalter an bis zum 16. Jahrhundert sinnvoll zusammenfassen, ganz abgesehen davon, daß der Terminus ›Mittelalter‹ selber geschichtstheoretisch noch fragwürdiger ist als der Ausdruck einer ›Neuzeit‹.
Die Tagung soll nun die Hypothese erproben, daß es seit rund 1750 im sozialen, politischen und geistigen Bereich zu mehr oder minder einschneidenden Veränderungen gekommen sei. Ein neues Tempo scheint die Lebenswelt erfaßt zu haben, andersartige Fristen scheinen den politischen Handlungsbereich zu strukturieren, eine dauerhafte Veränderlichkeit scheint den gesellschaftlichen Bereich permanent zu wandeln, so daß insgesamt die Redewendung von einer neuen Zeit Evidenz gewonnen hat. Es bieten sich eine Reihe von Indikatoren an, die die Neuzeit nicht nur als eine historiographische Kategorie ex post definieren lassen, sondern die eine ›neuzeitliche‹ Erfahrung selber artikulieren.
[...] Es ist klar, daß die Entstehung der Neuzeit nur als ein vielschichtiger Vorgang definiert werden kann.
Gleichwohl hat sich die Frage nach den den einzelnen Sachgebieten innewohnenden Zeitstrukturen als heuristisch nützlich erwiesen, um genuine Kriterien einer Neuzeitlichkeit zu gewinnen. Im semantischen Bereich ist es offensichtlich, daß die Verfassungskategorien und die neuen geschichtsphilosophischen Deutungsversuche temporale Bewegungskoeffizienten erhalten, die in der herkömmlichen Sprache der politischen Theorie und der sozialen Praxis noch nicht aufzuweisen sind. Die Entdeckung der geschichtlichen Welt und die

Eröffnung einer fortschrittlichen Zukunft sind Vorgänge, die freilich nicht auf den semantischen Befund reduzierbar bleiben, sondern das ganze Leben imprägnieren. Es ist die Absicht des Arbeitskreises, vom semantologischen Befund vorzustoßen zu den analogen Fragen für die einzelnen Sachbereiche. Welche zeitlichen Erfahrungsweisen haben sich in den einzelnen Sachbereichen geändert?« (UAH, Akten des Arbeitskreises für moderne Sozialgeschichte, Acc. Nr. 9/05).
Rundschreiben (Sonderdruck): »(Sonderdruck)« in abweichender Hs. Siehe Nr. 20a.

[20A] KOSELLECK AN BLUMENBERG
[HEIDELBERG, 23. JUNI 1971]

*Widmung in: Reinhart Koselleck, »Wozu noch Historie?«,
Sonderdruck aus: Historische Zeitschrift 212 (1971), H. 1,
S. 1-18.*

Eine kleine Gegengabe für
Herrn Blumenberg –
Ihr Koselleck

ÜBERLIEFERUNG O: Hs.; DLA Marbach, Bibliothek Hans Blumenberg.

»Wozu noch Historie?«: Kosellecks Schlußvortrag auf dem Kölner Historikertag von 1970. In Blumenbergs Leseliste ist das Datum des 26. Juni 1971 vermerkt. Anders als bei den meisten anderen der von ihm gelesenen Koselleck-Texte gab Blumenberg diesem eine Note, und zwar eine verhaltene »III«. Der Sonderdruck enthält einige Unterstreichungen in zwei verschiedenen Farben (was eine spätere Relektüre anzeigen könnte), aber keine Randbemerkungen außer einem Fragezeichen an zwei Stellen. Das erste bezieht sich auf den Satz »Schließlich hat die Philosophie selber das seit Hegel aufgerichtete ehrwürdige Gebäude der Philosophiegeschichte weitgehend verlassen« (S. 2), das andere auf den Satz »Die Verantwortung für die heikle Frage, wozu noch Historie, scheint damit von den Schultern der Historiker genommen, denn daß es Geschichte gebe, daß wir in ihrem ›Bann‹ leben, wird wohl niemand bestreiten wollen« (S. 5). Für fragwürdig befand Blumenberg wohl vor allem den zweiten Teil des Satzes ab »denn daß es Geschichte gebe«.
kleine Gegengabe: Koselleck bezieht sich auf Blumenbergs Sonderdruck *Selbsterhaltung und Beharrung* (siehe Nr. 19).

[21] BLUMENBERG AN KOSELLECK
MÜNSTER, 4. AUGUST 1971

Westfälische Wilhelms-Universität 44 Münster (Westf.), den 4.8.71
Philosophisches Seminar Johannisstr. 12–20
 Telefon 4901/4460

Prof. Dr. Hans B l u m e n b e r g

Herrn
Prof. R. Koselleck
69 *Heidelberg*
Moltkestr. 8

Lieber Herr Koselleck!
Herzlichen Dank für Ihren freundlichen Brief von Ende Juni. Die kritisch-freundlichen Worte, die Sie für meine Akademie-Abhandlung vom vorigen Jahr gefunden haben, haben mir – als die eines Lesers mit einer beängstigend nahestehenden Problemstellung – wohl getan. Aber ich glaube nicht, daß eine solche Arbeit im Zusammenhang eines Kolloquiums genügend Behauptungsgehalt gehabt hätte, um – wenn ich mit Herrn J a u ß sprechen darf – als Provokation der Geschichtswissenschaft durch die Begriffsgeschichte einige Bewegung anzurichten. Ich habe ja bei den ersten Kolloquien der Forschungsgruppe Poetik und Hermeneutik überwiegend die undankbare Rolle dessen gespielt, der etwas mehr behauptet als er verteidigen kann, um dann aus der vorgeschobenen Position mit den vereinten Kräften der Teilnehmer herausgeholt zu werden. Die meisten Kolloquien, die ich mitgemacht oder im Abdruck beobachtet habe, kranken daran, dass niemand so recht behaupten mag, was die anderen dann »entmythologisieren« dürfen. Am schönsten macht sich das natürlich, wenn der Behauptende gar nicht anwesend ist, wie beim Mythologie-Kolloquium.

Damit bin ich aber auch schon beim Thema »Überdruß an Kolloquien«, und bei der Beantwortung Ihrer Aufforderung, erneut an etwas derartigem teilzunehmen. Zunächst muß ich da aber ausdrücklich festhalten, dass mich das Thema des Arbeitskreises für moderne Sozialgeschichte, dessen Abriß Sie mir zugeleitet haben, mehr als irgendein anderes reizen würde. An »Lust und Interesse« fehlt es mir zu diesem Gegenstand wahrhaftig nicht. Trotzdem habe ich keinen Augenblick geschwankt, wie meine Antwort ausfallen mußte. Meine Trennung von der Forschungsgruppe Poetik und Hermeneutik ist ja nicht das Resultat einer episodischen Verärgerung innerhalb der ursprünglichen Konstellation gewesen – solche Dinge sind ebenso unvermeidlich wie verwindbar. Ich bin vielmehr zu der Einsicht gelangt, dass der Aufwand an Zeit, Disziplin, freiwilliger Anonymität und Kraft, der zu einem gemeinsamen interdisziplinären Unternehmen dieser Art gehört, auf längere Sicht in keinem angemessenen Verhältnis zum wissenschaftlichen Ertrag steht. Die Behauptung, anstelle der Einsamkeit des wissenschaftlichen Arbeiters sei die fertile Brutwärme des Kollektivs getreten, halte ich für ein Stück zweiter Jugendbewegung. Ich habe meinen Tribut an diesen Irrtum – oder: meinen Einsatz auf diese Chance – entrichtet. Die Bände von Poetik und Hermeneutik sind immer dicker geworden, die Belastung der Mitarbeiter immer größer, die Anonymität der Verantwortlichen immer strikter, aber die Konturen der Resultate sind immer schwerer wahrzunehmen. Jedenfalls bin ich an meinen einsamen Schreibtisch zurückgekehrt, soweit es die Verhältnisse der gegenwärtigen Universität überhaupt gestatten, und gedenke, diese Arbeitssphäre nun entschlossen zu verteidigen. Auch gegen die interessantesten Vorschläge und Aufforderungen. Wenn ich es genau betrachte, habe ich jetzt gerade ein Jahrzehnt seit meiner Berufung nach Gießen daran gehängt, interdisziplinäre Verständigungen und Händel zu suchen, zu praktizieren und zu verfehlen; und was ich jetzt am dringendsten brauche, ist Konzentration, nicht notwendig mo-

nologische, aber doch solche, die nur gleichsam »garantierte« Partner einbezieht. Jenseits der Jahrhunderthälfte werden die Risiken bei allem, worauf man eingeht, unverhältnismäßig groß. Meine Absage ist nicht nur anmaßend, sondern auch melancholisch, wenn Sie mir das zugestehen wollen.
Ich würde immer gern mit Ihnen sprechen, lieber Herr Koselleck, aber nicht um den Preis eines ganzen Kolloquiums. Ich weiß nicht, wie groß nach unserem Umzug in die Nähe von Münster (die neue Adresse und Telefonnummer habe ich Ihnen mitgeteilt) die Aussichten noch sind, Sie auf einer Geschäftsreise nach Bielefeld bei uns zu sehen. Ich würde gern gerade über Ihre jüngste Rechtfertigung der Historie mit Ihnen sprechen. Gegen die angestrengte Attitüde des Beweislastschleppens wehre ich mich empört, gegen die Unterstellung, es sei alles Historismus was der Gesellschaft vom Tage, und dazu noch der vom gestrigen, nicht dient, sich ihr nicht mit jedem Zuge legitimiert. Mir liegt das Muster des reumütigen Adels, ständig zu bekennen, dass man strenggenommen keine Existenzberechtigung habe – und dies noch auf dem Umweg über die bewußte und prätentiöse Magerkeit der Argumente zugunsten einer solchen – nicht. Ich kann nicht einsehen, dass es objektiv wichtiger und weniger begründungsbedürftig sein sollte, die Temperaturen auf einem Millionen Lichtjahre entfernten Stern zu messen, als die Wäscherechnungen der alten Ägypter in einer kritischen Edition zu sammeln – das Interesse je eines Mitmenschen für jedes der beiden Themen ist ein Faktum, das ich respektiere. Wenn das eine wie das andere Geld kostet, so weiß ich immer noch eine Unmenge von Dingen, die auch sehr viel Geld kosten, ohne solider begründbar zu sein. Der schimmernde Mantel der gesellschaftlichen Relevanz gehört in den Kostümverleih der Rhetorik.
Es gehört ja zu den besten Traditionen der Philosophie, die Frage »Wozu noch Philosophie?« zu stellen. Aber sobald solche Fragen exogen obligatorisch werden, verbieten sie sich der theoretischen Moral. Wer stellt hier die Fragen?, ist eine der

wichtigsten Fragen, die man sich ständig zu stellen hat, wenn man sieht, dass die Verwaltung dieser Funktion nur nominell an die »Vernunft«, faktisch aber in der Hackordnung der Wissenschaften immer schon vergeben ist. Da ist es ein schwacher Trost zu sagen, dass diejenigen nicht zu beneiden sind, die im Augenblick gerade den anderen die Fragen nach deren Existenzberechtigung stellen, weil sie vielleicht selbst eines schönen Tages die Befragten sein können. Die Demutsgebärde des Historikers, sich allen anderen Einzelwissenschaften als eine Art Hilfs- und Ergänzungswissenschaftler anzubieten, behagt mir in der aktuellen Situation nicht, obwohl ich sie in der Sache insofern bejahe, als ich glaube, dass die Dienste genommen, nicht gegeben werden. Ich stehe zu Ihrem Satz: »Solange es Geschichte gibt, wird es Historie geben.« Das zieht den Vorwurf des Historismus auf sich, erträgt ihn aber auch mühelos. Ich glaube nämlich, genauso gilt der Satz, dass es Astronomie gibt, weil es und solange es noch Sterne gibt, ganz einfach deshalb, weil wir schon zu viel über sie wissen, um ertragen zu können, das Ungewußte nicht auch noch einzubringen. Nur die Kunst kann und muß es sich leisten, ihren eigenen Tod – der im gegebenen Fall immer nur der Tod der anderen ist – zu proklamieren, weil dieser Tod selbst sich immer nur als ästhetisches Ereignis manifestiert. Die Geschichte ist ein Ärgernis, weil sie die Reindarstellung der Aktualität der Gegenwart zu behindern scheint; aber es ist nur ein ohnmächtiger Kunstgriff, diese Aktualität der Gegenwart dadurch verstärken zu wollen, dass man die Geschichte abblendet.
Nehmen Sie bitte, lieber Herr Koselleck, meinen Brief anstelle eines Sonderdrucks mit dem Thema »Warum ich die Frage ›Wozu noch Philosophie?‹ gegenwärtig nicht stelle«.
Ich hoffe, dass Altenberge doch irgendwann für Sie zwischen Bielefeld und Heidelberg liegt.
Herzliche Grüße
Ihr Hans Blumenberg

ÜBERLIEFERUNG O: Ts.; gedruckter Briefkopf; mit hs. Korrekturen und Unterschrift Blumenbergs sowie Anstreichungen und einer hs. Randbemerkung Kosellecks; DLA Marbach, Nachlaß Reinhart Koselleck.

Ihren freundlichen Brief von Ende Juni: Siehe Nr. 20.
meine Akademie-Abhandlung: Blumenberg, *Selbsterhaltung und Beharrung;* siehe Nr. 19.
Provokation der Geschichtswissenschaft durch die Begriffsgeschichte: Anspielung auf die Konstanzer Antrittsvorlesung »Literaturgeschichte als Provokation der Literaturwissenschaft« von Hans Robert Jauß (April 1967) bzw. dessen Band *Literaturgeschichte als Provokation* (Frankfurt a. M.: Suhrkamp 1970), in dem sie in stark erweiterter Form erschienen ist (S. 144-207).
Die meisten Kolloquien...: Koselleck notierte neben diesen Satz: »meine Habermas-Situation«.
Mythologie-Kolloquium: Blumenberg bezieht sich auf das vierte Kolloquium der Forschungsgruppe »Poetik und Hermeneutik«, das sich vom 9. bis 13. September 1968 auf Schloß Rheda dem Thema »Realität mythischer Späthorizonte« widmete. Blumenberg hatte dazu eine Vorlage eingereicht, war dann aber – offiziell krankheitsbedingt – nicht angereist.
Thema des Arbeitskreises für moderne Sozialgeschichte: Siehe Nr. 20.
Meine Trennung von der Forschungsgruppe: Siehe dazu das Nachwort der Herausgeber, S. 121 f.
Berufung nach Gießen: Blumenbergs erste Berufung auf eine ordentliche Professur im Jahr 1960.
Umzug in die Nähe von Münster: Blumenberg ließ sich nach seinem Wechsel nach Münster in der etwa 15 km nordöstlich der Stadt gelegenen Gemeinde Altenberge nieder.
Ihre jüngste Rechtfertigung der Historie: Reinhart Koselleck, »Wozu noch Historie?« (siehe Nr. 20a).
Wozu noch Philosophie? / exogen obligatorisch: Blumenbergs Furcht, die alte Frage könne obligatorisch werden, bestätigte sich insofern, als von 1974 bis 1977 ein von der Fritz Thyssen Stiftung geförderter Arbeitskreis halbjährlich die »Rolle und Funktion der Philosophie« untersuchte. Im Vorwort zu dem einige Beiträge dokumentierenden Band *Wozu Philosophie?* (Berlin u.a.: de Gruyter 1978) schreibt der Herausgeber Hermann Lübbe: »Viele wissenschaftliche Untersuchungen, ja ganze Wissenschaften sehen sich seit einigen Jahren in mannigfachen Zusammenhängen unserer öffentlichen Kultur

durch Relevanzfragen bedrängt. Die Frage ›Wozu Geschichte?‹ ist dafür das Beispiel der größten Publizität mit erheblicher bildungs- und schulpolitischer Wirkung. Für die Philosophie gilt, bei schwächerem Interesse der Öffentlichkeit, Analoges. ›Wozu Philosophie?‹ – so oder so ähnlich heißt es, seit einigen Jahren, in Überschriften zahlreicher Aufsätze und Bücher« (S. V).
»Solange es Geschichte gibt ... «: Koselleck, »Wozu noch Historie?«, S. 5. Blumenberg hat sich den Satz in seinem Exemplar unterstrichen, den darauffolgenden hingegen am Rand mit einem Fragezeichen markiert. Siehe dazu Nr. 20a, Anm.
Nur die Kunst kann und muß es sich leisten, ihren eigenen Tod [...] zu proklamieren: Der auf Hegel zurückgehende Topos vom Ende der Kunst war ein zentrales Thema beim dritten Kolloquium von »Poetik und Hermeneutik« 1966 in Lindau zum Thema »Grenzphänomene des Ästhetischen«. Vgl. Hans Robert Jauß (Hg.), *Die nicht mehr schönen Künste. Grenzphänomene des Ästhetischen* (Poetik und Hermeneutik III), München: Fink 1968.

[22] BLUMENBERG AN KOSELLECK
O.O., O.D. [WOHL DEZEMBER 1971 ODER
JANUAR 1972]

Widmung in: Hans Blumenberg, »Neugierde und Wissenstrieb. Supplemente zu Curiositas«, Sonderdruck aus: Archiv für Begriffsgeschichte 14 (1970) H. 1, S. 7-40.

Gute Wünsche für 1972
Ihr H. Blumenberg

ÜBERLIEFERUNG O: Hs.; DLA Marbach, Bibliothek Reinhart Koselleck.

»Neugierde und Wissenstrieb. Supplemente zu Curiositas«: Der Aufsatz ist im Wesentlichen in die Abschnitte IX bis XI der Neufassung von »Der Prozeß der theoretischen Neugierde«, dem dritten Teil von *Die Legitimität der Neuzeit* (Frankfurt a.M.: Suhrkamp 1973), eingegangen. Kosellecks Exemplar des Sonderdrucks weist keine Lesespuren auf.

[23] BLUMENBERG AN KOSELLECK
O. O., O. D. [WOHL 1972]

Widmung in: Hans Blumenberg, »Beobachtungen an Metaphern«, in: Archiv für Begriffsgeschichte 15 (1971) H. 2, S. 161-214.

Mit herzlichen Grüßen
HB

ÜBERLIEFERUNG O: Hs.; DLA Marbach, Bibliothek Reinhart Koselleck.

»Beobachtungen an Metaphern«: Kosellecks Exemplar des Sonderdrucks zeigt durchgehend intensive Anstreichungen und Anmerkungen.

[24] KOSELLECK AN BLUMENBERG
BIELEFELD, 3. APRIL 1973

Universität Arbeitsstelle
Bielefeld Geschichts-
wissenschaft
Prof. Dr. Reinhart Koselleck

Universität Bielefeld 48 Bielefeld Postfach 8640
Herrn
Prof. Dr. Hans Blumenberg

4401 *Altenberge*
Grüner Weg 30

Ruf 73699
Durchwahl
Telex: 932362 unibi
Bielefeld, den 3. April 1973
Kavalleriestr. 26, III. Etage
Az.:

Einladung

Als 7. Fakultät der Universität Bielefeld wird sich am 12.4.
1973 die Fakultät für Geschichtswissenschaft konstituieren.
Wir würden uns freuen, Sie zu einem Empfang am 12. April,
11 Uhr, begrüßen zu dürfen.
Herr Prof. Dr. Gottfried Schramm wird anläßlich der Gründung einen Festvortrag über das Thema
  Februar 1917: Der europäische Hintergrund
  einer russischen Revolution
halten.
Die Veranstaltung findet am 12.4.1973, 16.15, im AVZ, Hörsaal Nr. 7, Bielefeld, Kurt-Schumacher-Str. 6, statt.

Mit freundlichen Grüßen
gez. Prof. Dr. R. Koselleck
Vorsitzender der Fachbereichskommission für Geschichtswissenschaft

ÜBERLIEFERUNG O: Ts.; Kopie mit eingetippter Adresse; gedruckter Briefkopf; DLA Marbach, Nachlaß Hans Blumenberg (im Konvolut »Gründung Universität Bielefeld«).

Gottfried Schramm: Der Historiker Gottfried Schramm (1929-2017), Sohn des Historikers Percy Ernst Schramm, lehrte von 1965 bis 1994 als ordentlicher Professor für Neuere und Osteuropäische Geschichte in Freiburg.

[25] KOSELLECK AN BLUMENBERG
O. O., O. D. [WOHL APRIL 1973]

REINHART KOSELLECK

Herrn Blumenberg –
als Zeichen des Dankes und als Ankündigung des lange fälligen Briefes
von R. Koselleck

ÜBERLIEFERUNG O: Hs.; Text auf Rückseite einer Visitenkarte mit gedrucktem Namen; DLA Marbach, Nachlaß Hans Blumenberg.

April 1973: Wohl Beilage zu der »separaten Sendung« neben Nr. 24, den Separata aus den *Geschichtlichen Grundbegriffen,* auf die sich Blumenberg in Nr. 26 bezieht.
Zeichen des Dankes: Für Nr. 21, 22 und 23 stand der Dank noch aus.

[26] BLUMENBERG AN KOSELLECK
MÜNSTER, 19. APRIL 1973

Westfälische Wilhelms-Universität 44 Münster (Westf.), den 19.4.1973
Philosophisches Seminar Johannisstr. 12–20
　　　　　　　　　　　　Telefon 4901/4460
Prof. Dr. Hans Blumenberg

Herrn
Prof. Dr. R. Koselleck
6901 Nussloch
Markgrafenstr. 34

Lieber Herr Koselleck!
Sie waren so freundlich, mir eine Einladung zur Konstitution der Fakultät für Geschichtswissenschaft in Bielefeld zukommen zu lassen. Ich habe diesen Brief, der zwar vom 3. April datiert, aber erst am 9. April zur Post gegeben worden ist, erst bei meiner Rückkehr von der Frühjahrssitzung der Akademie in Mainz hier vorgefunden. Ich bitte also zu entschuldigen, wenn ich nicht rechtzeitig auf die Einladung antworten konnte.
Viel wichtiger aber ist, dass ich Ihnen zur Präsentation des ersten Bandes Ihrer zyklopischen Enzyklopädie gratuliere und für die Zusendung der Separata aus Ihrer Feder danke. Mich hat vor allem Ihre Einleitung gefesselt, die unter den vergleichbaren Reflexionen einen einsamen Rang behalten wird. Man muß befürchten, dass Einleitungen von Lexiken noch weniger gelesen werden als deren Artikel, weil dort trotz des großen Vorbilds der französischen Enzyklopädie kaum Gutes zu erwarten ist. Aber Ihre Einleitung dürfte nicht unter diesem Etikett begraben bleiben. Ich bitte Sie, doch einmal zu erwägen, ob Sie sie nicht in einer von den technischen Zutaten erleichterten und vielleicht ergänzten Form im »Archiv für Begriffsgeschichte« veröffentlichen sollten, um sie in die Methodendiskussion um die Begriffsgeschichte wirksam einzubeziehen.

Mir stand natürlich immer der Schock vor Augen, den ich schon vor etwa fünf Jahren erlebte, als ich auf S. 17 Ihres Buches »Preußen zwischen Reform und Revolution« die These von der Zugehörigkeit der Begriffsgeschichte zur Sozialgeschichte im Gegensatz zur Geistesgeschichte zuerst las, diese für mich noch immer ganz unerträgliche Aktualisierung der Begriffsgeschichte als eines anonymen und darin doch wieder auf den ›Weltgeist‹ hinauslaufenden Prozesses. Es würde mich nun wirklich reizen, die realisierten Artikel des Lexikons daraufhin gründlich durchzusehen, was von den Einsichten des Herausgebers übrig geblieben ist. Ich unterschätze freilich nicht, mit wie intelligenten Mitarbeitern ich es da zu tun bekäme, nachdem ich Ihren Schüler Jörg F i s c h einige Semester in meinem Seminar hatte. (Denken Sie bitte daran, ihn bei Gelegenheit von mir zu grüßen.)

Die Karte, die Ihrer separaten Sendung beilag, kündigte einen Brief an; darauf möchte ich Sie um keinen Preis festlegen, aber doch sagen, wie sehr ich mich über irgendeine Form von Mitteilung freuen würde.

Mit herzlichen Grüßen
Ihr Hans Blumenberg

ÜBERLIEFERUNG O: Ts.; gedruckter Briefkopf; mit hs. Unterschrift Blumenbergs sowie einer Anstreichung Kosellecks; DLA Marbach, Nachlaß Reinhart Koselleck.

Einladung zur Konstitution der Fakultät: Siehe Nr. 24.
Akademie in Mainz: Blumenberg war seit 1963 ordentliches Mitglied der 1949 gegründeten Akademie der Wissenschaften und der Literatur Mainz. Die Frühjahrssitzung 1973 fand am 13. April statt.
des ersten Bandes Ihrer zyklopischen Enzyklopädie: Geschichtliche Grundbegriffe. Historisches Lexikon zur politisch-sozialen Sprache in Deutschland, hg. v. Otto Brunner, Werner Conze und Reinhart Koselleck, Bd. 1: A–D, Stuttgart: Klett 1972.
Separata aus Ihrer Feder / Ihre Einleitung: Koselleck verfaßte in dem Band außer der »Einleitung« (S. XIII-XXVIII) und einem kurzen Ab-

schnitt im Artikel »Demokratie« (IV.1, S. 848-853) noch den Artikel »Bund« (S. 582-671). Von Kosellecks »Einleitung« ist in Blumenbergs Bibliothek im DLA ein annotierter Sonderdruck überliefert, der zahlreiche Unterstreichungen aufweist, allerdings nur in Teil 1, »Zweck des Lexikons«. In der Leseliste wird der Titel nicht aufgeführt. Weitere Separata aus dem ersten Band sind bei Blumenberg nicht erhalten.

französischen Enzyklopädie: Die von Denis Diderot und Jean Baptiste le Rond d'Alembert herausgegebene *Encyclopédie ou Dictionnaire raisonné des sciences, des arts et des métiers* erschien zwischen 1751 und 1780 in 35 Bänden.

»Archiv für Begriffsgeschichte«: In der 1955 von Erich Rothacker begründeten Zeitschrift *Archiv für Begriffsgeschichte* hatte Koselleck Jahre zuvor bereits seine »Richtlinien für das ›Lexikon politisch-sozialer Begriffe der Neuzeit‹« veröffentlicht (Bd. 11, 1967, S. 81-99).

auf S. 17 Ihres Buches »Preußen zwischen Reform und Revolution«: Vgl. Reinhart Koselleck, *Preußen zwischen Reform und Revolution* (siehe Nr. 14, Anm.), wo es auf S. 17 heißt: »Aussagen über Strukturen, über ›Zustände‹ – ein Schlagwort der damaligen Zeit – werden präzisiert durch Wort-, gelegentlich durch Begriffsanalysen. Verzichtet wird auf Geistesgeschichte. Die Bescheidung in die Begriffsgeschichte – zur Erläuterung begriffsstummer Daten – hat den Vorzug, der sozialen Geschichte nahe zu bleiben, vollzieht sie doch die sprachliche Eigenbewegung nach, in der sich geschichtliche Erfahrungen sammeln oder Hoffnungen formuliert sein wollen. Die den handelnden Menschen übersteigende Begriffsgeschichte ist insofern eine Variante der Sozialgeschichte.«

Jörg Fisch: Geb. 1947, Studium in Zürich, Basel, Wien, Münster und Heidelberg, 1976 Promotion an der Universität Heidelberg, von 1976 bis 1986 Wissenschaftlicher Angestellter an der Universität Bielefeld, von 1987 bis 2012 ordentlicher Professor für Neuere Geschichte an der Universität Zürich.

Die Karte, die Ihrer separaten Sendung beilag: Siehe Nr. 25.

[27] KOSELLECK AN BLUMENBERG
NUSSLOCH, 18. JULI 1973

REINHART KOSELLECK   6901 Nussloch Markgrafensr. 34
                          18. Juli 73.

Lieber Herr Blumenberg,
haben Sie herzlichen Dank für Ihr Schreiben vom 19. April. Ich bedauere es nach wie vor, dass Sie nicht mit nach Bielefeld gekommen sind. Freilich haben Sie sich vermutlich richtig entschieden, denn die geplanten Vorzüge von Bielefeld schrumpfen dahin. Dauernd werden neue Reformen über die noch nicht angelaufenen gestülpt und wenn sich alles unter dem Dach einer Gesamthochschule versammelt hat, werden wir alle Studienräte im Hochschuldienst sein. Eine neue Hierarchie des Ehrgeizes wird gezüchtet werden, es werden Oberstudienräte im Hochschuldienst wachsen, Oberst-, General- Generaloberststudienräte, alles unter dem Deckmantel paritätischer Professoren. Die Studierenden werden in Klassen gezwängt und nach strengen Lehrplänen für die Praxis präpariert. Die verkürzten Studiengänge werden bei uns Historikern das Latein ausschliessen, mit dem Ergebnis, dass vor 1789 Ignoranz, danach Ideologie proportional zur Ignoranz herrschen wird. Das etwa ist meine Prognose, auch wenn ich alles versuchen werde, ihr Eintreten zu verzögern. Die Soziologen in Bielefeld sind zerfallen, die Juristen und Linguisten haben sich durch das Blockstudium – vorerst – isoliert und wir Historiker versuchen noch, die Kluft zwischen den Ständen so überbrückbar wie möglich zu halten. Wenn auch noch der Wechsel zwischen Forschung und Lehre entfällt, sind wir auf dem Boden der Provinz vollends angelangt.
Aber vorerst habe ich noch nicht einmal eine Wohnung gefunden, sodass ich zwischen Heidelberg und Bielefeld pendele. Eine meiner Hoffnungen ist jedenfalls, dass wir uns dann und wann im Münsterland werden treffen können. Solange ich

noch ›auf Reisen‹ bin, ist es besonders schwer, Zeit aus dem
Wust der Geschäfte herauszuschneiden.
Zum Verhältnis der Begriffs- zur Sozialgeschichte habe ich
kürzlich einen Aufsatz geschrieben, von dem ich nicht weiss,
ob er Ihre Bedenken gegen eine aktualisierende Verbindung
zerstreut. Ich bin mir darüber im klaren, dass ›Begriffsgeschichte‹ noch sehr viel mehr sein kann als das, was wir Historiker für unsere Fragen daraus machen. Vor allem Ihre luziden
metaphorologischen Analysen haben eine wissenschaftliche
Eigenständigkeit, die keiner Vermittlung mit sozialen und politischen Ereigniszusammenhängen bedürfen: auch wenn sie
zu versuchen ein reizvolles Unternehmen wäre. Sie wehren
sich gegen die Lesart, Sprache als Vollzugsorgan des Weltgeistes zu begreifen. So stimme ich Ihnen völlig zu. Aber liegt
nicht in dem Befund, dass bestimmte Metaphern Denkwege
so sehr begrenzen wie freisetzen, ein überindividuelles Moment beschlossen, das durch keine Anstrengung der Selbstbestimmung aus der Welt geschafft werden kann? Mit anderen
Worten, muss nicht auch der Weltgeist metaphorisch gelesen
werden und sollte man nicht die geschichtlichen Phänomene
suchen, die von Hegel so gesehen und heute vielleicht anders
zu benennen wären? Meine Suche nach den Zeitstrukturen,
nach Verlaufsformen, Beschleunigungen und Verzögerungen,
nach dem Gleichzeitigen im Ungleichzeitigen und umgekehrt
zielt zwangsläufig auf überindividuelle Zusammenhänge der
Handlungseinheiten, die nicht nur auf konkrete Individuen reduzierbar sind.
Den neuen Hermeneutenband werden Sie inzwischen längst
erhalten haben. Auch wenn die Linguisten und Historiker nicht
zusammengefunden haben – weil der provokative Geist fehlte,
der eine Einigung wenigstens im Negativen herbeigeführt hätte,
um an Ihren vorletzten Brief anzuknüpfen –, so ist wenigstens
der Umfang geringer...
Ihre Abwehr jeder weiterer kolloquialer Tätigkeit in Massen-
foren hat mich nachdenklich gestimmt. In der Tat springt we-

niger heraus, als wenn man intensiv am Schreibtisch arbeitet. Das gilt für meine Lexikonarbeit und ebenso für das Projekt über den Beginn der Neuzeit, das ich jetzt nur mit Mühe unter einen Hut bekomme, nachdem wir mehrfach darüber getagt haben.
So erfreulich jede Tagung im einzelnen zu sein scheint: der Ertrag auf die Dauer entspricht selten der Tagungseuphorie. Auf der Reichenau hatte sie freilich kaum geherrscht, denn durch Habermas und seinen Anhang war noch eine dritte Komponente wirksam, die gar nicht integrierend war.
Schliesslich und vor allem muss ich Ihnen für Ihren langen kritischen Brief zu meinem ›Wozu noch Historie‹-Aufsatz danken. Der Titel stammte wohl von Oeing-Hanhoff, der mich darüber zu reden bat. In diesem Sinne hatte ich die Herausforderung angenommen, aber inzwischen musste ich öfters hören, dass nur der Titel, nicht der Inhalt meiner Ausführungen öffentlich zitiert wird, – womit Ihre Kritik in dieser Hinsicht jedenfalls rechtbehalten hat. Wer sich auf eine ausserwissenschaftliche Legitimation einlässt, wird schnell darum gebracht. Allerdings glaube ich auch innerwissenschaftlich eine Kritik aus dem Begriff der Geschichte entwickelt zu haben, die zu überdenken unserer Zunft nottut. Die historische Neugierde wird sich immer selbst erhalten. Aber die Historiker springen mit dem, was sie ›Geschichte‹ nennen, doch oft sehr leichtfertig um. Und die institutionellen Folgen sind leider nur allzudeutlich. Aber bevor ich mich in Kulturkritik ergehe, möchte ich Ihnen lieber sagen, dass mir Ihr fester Standpunkt, auch das historische Metier um seiner selbst willen zu treiben, sehr sympathisch ist. Nur dann wird man schreiben können und Ergebnisse erzielen, die in die verfahrene Lage zurückwirken.
Das für heute. Seien Sie und Ihre Frau herzlich gegrüsst von Ihrem Reinhart Koselleck

ÜBERLIEFERUNG O: Ts.; gedruckter Briefkopf; mit hs. Korrekturen und Unterschrift Kosellecks; DLA Marbach, Nachlaß Hans Blumenberg.

Nussloch: Südlich von Heidelberg an der Bergstraße gelegene Gemeinde. Seit Herbst 1971 Wohnort der Familie Koselleck.
Ihr Schreiben vom 19. April: Siehe Nr. 26.
dass Sie nicht mit nach Bielefeld gekommen sind: Zu Blumenbergs Ambitionen, von Bochum an die Universität Bielefeld zu wechseln, siehe das Nachwort der Herausgeber, S. 128-132.
Gesamthochschule: An Carl Schmitt schrieb Koselleck am 14. Juli 1973 in ähnlicher Weise: »Die von der SPD-Regierung forcierte Gesamthochschule wird alle Professoren zu Studienräten im Hochschuldienst machen. Die Gleichheit wird dann neue Blüten treiben – die Oberstudienräte, die Oberststudienräte, Generalstudienräte, Generaloberst – usw. Ausserdem wird das Ausbildungsniveau zugunsten der Lehrerbildung in sechs Semestern gesenkt werden, das Latein für Historiker wird sich nicht mehr halten lassen, sodass vor 1789 Ignoranz, danach Ideologie obwaltet. Ob es gelingt, das Konzept einer forschungsintensiven Universität gegen diesen Ansturm zu halten, erscheint mir immer fraglicher, seitdem ich in Bielefeld bin. Immerhin sind die Fakultätskollegen erfreulich, die Auseinandersetzungen sind noch offen, der Umgang nicht ›verbiestert‹« (*BW Koselleck Schmitt*, S. 245 f.).
Die Soziologen in Bielefeld sind zerfallen: Am 16. September 1969 wurde auf Schloß Rheda die erste Fakultät für Soziologie an einer bundesdeutschen Hochschule gegründet. Viele ihrer Mitglieder kamen von der Sozialforschungsstelle an der Universität Münster in Dortmund, deren Übernahme neben Fragen der politischen Ausrichtung bei Berufungen einer der Hauptstreitpunkte war. Entscheidenden Einfluß hatte hierbei der Vorsitzende des Gründungsausschusses Helmut Schelsky (siehe Nr. 30, Anm.).
Verhältnis der Begriffs- zur Sozialgeschichte/Aufsatz: Siehe Nr. 27a.
Ihre Bedenken: Siehe Nr. 26.
neuen Hermeneutenband: Reinhart Koselleck und Wolf-Dieter Stempel (Hg.), *Geschichte – Ereignis und Erzählung* (Poetik und Hermeneutik V), München: Fink 1973.
Auch wenn die Linguisten und Historiker nicht zusammengefunden haben: Diese Einschätzung vertrat nicht nur Koselleck. So erinnert sich sein Mitorganisator Wolf-Dieter Stempel: »Beim V. Kolloquium hat es zwischen Historikern und den Linguisten eine Kollision gegeben. Das ist insofern verständlich, als die Historiker ein Fach vertre-

ten, das, zumindest damals, relativ wenig theoretisch interessiert war, sieht man mal von der Geschichtsphilosophie und dem Feld, das da beackert worden ist, ab. Historiker sind in der Regel, mag man sagen, ›Praktiker‹ in dem Sinne, dass sie sich eigentlich wenig darum scheren, was die Historiographie im Innersten, gerade auch sprachlich gesehen, nun eigentlich zusammenhält; von daher bestand für linguistische Ansätze wenig Verständnis. Das V. Kolloquium war nun eines, das Interdisziplinarität als Abenteuer inszenierte, womit gesagt sein soll, dass sie gelingen oder nicht gelingen kann. Hier ist beides geschehen.
Ein Fall des Scheiterns zeigt sich in einem Brief von Christian Meier an mich. Er hatte nach dem Kolloquium auf einen Brief von mir geantwortet, mit dem ich ihm das, was ich zu seinen Diskussionsbeiträgen zu sagen hatte, zugeschickt hatte mit der Bitte, sich darauf einzulassen. Christian Meier meinte nun, seine Diskussionsbeiträge taugten nicht zur Veröffentlichung als Statement, da – dies war seine These – das eigentlich Historische, also die Geschichte, zugunsten einer Polarisierung zwischen Geschichtsphilosophie und Linguistik ausgespart würde. Er hat in einem Statement seinem Unverständnis in einem hübschen Bild Ausdruck gegeben, wo es heißt: ›Es geschah, daß ein Bauer Kants *Kritik der reinen Vernunft* las. Er kam aber nicht weit, klappte das Buch vielmehr gleich wieder zu und sagte: *Eure Sorgen möchte ich haben.*‹ Ich habe die dahinter stehende Problematik in einem kleinen Statement, ›Multa, non multum‹, aufgegriffen. Aber das Ganze der vorgetragenen Argumente hat sich nicht zu einem befriedigenden Ergebnis zusammengefügt. Gern füge ich hinzu, dass ich ein paar Jahre später zu einer Tagung der Gruppe ›Theorie der Geschichte‹ eingeladen wurde, der Christian Meier vorstand, der nun mit einer Geläufigkeit über die Ansätze sprach, die er Jahre zuvor als nicht konform für die Disziplin Geschichte abgewiesen hatte. Koselleck seinerseits, der ja weiß Gott theoriegewandt war, hat sich um den Strukturbegriff, wie er ihn bei Coseriu gefunden hatte, bemüht, aber er hatte ihn wohl nicht verstanden. Mit solchen fachbasierten Sperren im interdisziplinären Verständnis ist immer zu rechnen, und es hat bei den Diskussionen von Poetik und Hermeneutik mehrere solcher Fälle gegeben.« (*Boden/Zill*, S. 92).
Ihren vorletzten Brief: Siehe Nr. 21.
so ist wenigstens der Umfang geringer: Anspielung auf Blumenbergs Klage: »Die Bände von Poetik und Hermeneutik sind immer dicker geworden ...«, siehe Nr. 21.
meine Lexikonarbeit: Siehe dazu das Nachwort der Herausgeber, S. 133-139.

das Projekt über den Beginn der Neuzeit: Siehe Nr. 20.
Auf der Reichenau / Habermas: Die Anwesenheit von Jürgen Habermas wurde von vielen als störend empfunden, da er ein Übermaß an Aufmerksamkeit auf sich zog. Rainer Warning erinnert sich speziell an die Konfrontation zwischen Koselleck und Habermas: »Die Diskussion war merkwürdig gebremst. Keiner wollte sich, soweit ich mich daran erinnere, den anderen mal richtig vornehmen und sagen: ›Das mache ich anders als du.‹ Ich erinnere noch eine *aside*-Bemerkung von Habermas: ›Na ja, dann soll er doch mal kommen.‹ Aber er kam nicht, Koselleck kam nicht aus der Deckung raus und wollte Habermas nicht provozieren. Und Habermas seinerseits hat sich ja erst im Nachhinein schriftlich geäußert. Das Reichenauer Kolloquium war insgesamt in seiner Zusammensetzung etwas unüberschaubar. Gespannt war man, wie Habermas sich äußern würde.« (*Boden/Zill*, S. 194). Koselleck war auf Habermas nicht gut zu sprechen, seit dieser seine Dissertation *Kritik und Krise* (1959) im *Merkur* als Zeugnis einer »halb verstohlenen, halb verhohlenen politischen Anthropologie« im Gefolge Carl Schmitts verrissen hatte. Vgl. Jürgen Habermas, »Verrufener Fortschritt – verkanntes Jahrhundert. Zur Kritik an der Geschichtsphilosophie«, in: *Merkur* 147, Jg. 14 (1960), S. 468-477, hier S. 470.
Ihren langen kritischen Brief zu meinem ›Wozu noch Historie‹-Aufsatz: Siehe Nr. 21 mit Anm.
Oeing-Hanhoff: Der Philosoph Ludger Oeing-Hanhoff (1923-1986), zuletzt ordentlicher Professor an der Universität Tübingen, lehrte von 1967 bis 1974 als Nachfolger Hans Blumenbergs in Gießen, wo er das »Zentrum für Philosophie und Grundlagen der Wissenschaften« mit aufbaute.
der mich darüber zu reden bat: Kosellecks erstmals in der *Historischen Zeitschrift* erschienener Kölner Vortrag baute auf einem kürzeren Vortrag auf, den er 1969 im Rahmen des von Oeing-Hanhoff in Gießen organisierten Studium generale gehalten hatte.

[27A] KOSELLECK AN BLUMENBERG
[NUSSLOCH, 18. JULI 1973]

Widmung in: Reinhart Koselleck, »Begriffsgeschichte und Sozialgeschichte«, Sonderdruck aus: Soziologie und Sozialgeschichte. Aspekte und Probleme (Kölner Zeitschrift für Soziologie und Sozialpsychologie, Sonderheft 16), hg. v. Peter Christian Ludz, Opladen: Westdeutscher Verlag 1972, S. 116-131.

Herrn Hans Blumenberg
in der Hoffnung, daß sich der Satz auf Seite 17 meines Preußenbuches etwas entschärft hat –
von Reinhart Koselleck
Juli 1973

ÜBERLIEFERUNG O: Hs.; DLA Marbach, Bibliothek Hans Blumenberg.

»Begriffs- und Sozialgeschichte«: Der Sonderdruck in Blumenbergs Nachlaß weist keine Lesespuren auf und erscheint auch nicht in der Leseliste.
Satz auf Seite 17 meines Preußenbuches: Siehe Nr. 26, Anm.

[28] KOSELLECK AN BLUMENBERG
[BIELEFELD, 12. AUGUST 1974]

Herrn
Prof. Dr. H. Blumenberg
4401 Altenberge
Grüner Weg 30

Lieber Herr Blumenberg –
von einem Studenten höre ich zufällig, daß Sie in Heidelberg
die Kuno-Fischer-Medaille erhalten haben. Da ich mich Ihnen
und Heidelberg in gleicher Weise verbunden weiß, darf ich
Ihnen dafür doppelte Glückwünsche aussprechen!
Herzlich Ihr Koselleck
(gerade in der »Legitimität der NZ« lesend)

ÜBERLIEFERUNG O: Hs.; Postkarte, auf der Vorderseite: Nürnberg – St. Sebalduskirche, Selbstbildnis von Peter Vischer; DLA Marbach, Nachlaß Blumenberg (im Konvolut »Preise«).

Bielefeld, 12. August 1974: Ort und Datum laut Poststempel.
Kuno-Fischer-Medaille: Der Kuno-Fischer-Preis ist ein in unregelmäßigen Abständen von der Philosophisch-Historischen (seit 2002: Philosophischen) Fakultät der Universität Heidelberg verliehener Preis für ein herausragendes Werk zur Geschichte der Philosophie. Der erste Preisträger war 1914 Ernst Cassirer. Nach dem Zweiten Weltkrieg wurde der Preis zunächst nur einmal verliehen, 1947 an Wilhelm Nestle für *Vom Mythos zum Logos*. Nach einer langen Pause ging er dann 1974 auf Initiative von Dieter Henrich an Blumenberg, der für *Die Legitimität der Neuzeit* ausgezeichnet wurde. Es folgten Werner Beierwaltes (1991), Kurt Flasch (2001), Dieter Henrich (2008) und Eckhart Förster (2017). Die seltene Verleihung ist durch die ungesicherte Finanzierung bedingt.
»Legitimität der NZ«: Blumenberg, *Die Legitimität der Neuzeit*; siehe Nr. 20, Anm.

[29] BLUMENBERG AN KOSELLECK
O. O., 14. AUGUST 1974

14.8.74

Lieber Herr Koselleck,
herzlichen Dank für Ihre Karte aus Bielefeld (sollten Sie dort schon niedergelassen sein, wäre mir Ihre Adresse lieb, nicht um Sie zu besuchen, sondern um nicht über die Universität zu korrespondieren). Ich schreibe deshalb so umgehend, weil Ihr Postscriptum sagt, daß Sie in der »Legitimität der Neuzeit« lesen – bitte, verschieben Sie das bis Mitte September, weil dann die Neufassung des gesamten ersten Teils, also des geschichtstheoretisch wichtigeren, in »stw 79« erscheint. Sie erhalten gleich ein Exemplar. Verzeihen Sie also, wenn ich Ihnen für jetzt von der preisgekrönten Lektüre abrate.
Schöne Grüsse
Ihr Hans Blumenberg

P. S. Für den Urkunden liebenden Historiker und Heidelberg-Nostalgiker füge ich eine Kopie bei.

ÜBERLIEFERUNG O: Ts.; Postkarte; mit hs. Unterschrift Blumenbergs; DLA Marbach, Nachlaß Reinhart Koselleck.

Ihre Karte aus Bielefeld: Siehe Nr. 28.
Neufassung des gesamten ersten Teils: Blumenberg hat die einzelnen Teile seines 1966 erschienenen Buchs *Die Legitimität der Neuzeit* bald nach Erscheinen gründlich überarbeitet und erweitert, wobei er teilweise auch auf Kritik an seinem Buch reagierte. Die überarbeitete Fassung erschien 1973, 1974 und 1976 in drei separaten Bänden der Reihe »suhrkamp taschenbuch wissenschaft«, allerdings nicht in der ursprünglichen Reihenfolge. Zunächst erschien 1973 der zweite Band, *Der Prozeß der theoretischen Neugierde,* gefolgt 1974 vom ersten Band, *Säkularisierung und Selbstbehauptung,* von dem hier die Rede ist. Der dritte und letzte Band, *Aspekte der Epochenschwelle. Cusaner und Nolaner,* erschien 1976.

eine Kopie: Fotokopie der Verleihungsurkunde für den Kuno-Fischer-Preis. Koselleck legte sie als Einlage in sein Exemplar der Erstausgabe von *Die Legitimität der Neuzeit.* Auf der Urkunde heißt es: »Das Werk von Hans Blumenberg verhilft zu besserem Verständnis der Herkunft und des Charakters unseres Zeitalters. Es klärt die theoretischen Probleme von Epochenbegriffen, die in die Interpretation der Geschichte von Denken und Lebenswelt eingehen.«

[30] BLUMENBERG AN KOSELLECK
MÜNSTER, 9. OKTOBER 1974

Westfälische Wilhelms-Universität 44 Münster (Westf.), den 9. 10. 1974
Philosophisches Seminar   Johannisstr. 12–20
    Telefon 4901/4460
Prof. Dr. Hans Blumenberg

Herrn
Prof. Dr. R. Koselleck
Zentrum für
Interdisziplinäre Forschung
der Universität Bielefeld
48 Bielefeld
Wellenberg 1

Lieber Herr Koselleck,
schon in Homburg hörte ich und fand dann in der Zeitung bestätigt, dass Sie Direktor des ZiF geworden seien. Nun nimmt man heute solche Nachrichten eher mit kollegialem Bedauern auf als dass man sich genötigt fühlt, den Betroffenen zu beglückwünschen. Wenn ich dies dennoch tue, so nicht nur wegen des Ihnen vielleicht nötigen Glücks bei dieser Sache, sondern auch aus einer gewissen Sentimentalität. Als es noch so aussah, als würde der Initiator der Neugründung auch deren erster Rektor, erschien mir der Aufbau des ZiF als eine lockende und ungewöhnliche Aufgabe, die ich gern hätte auf mich zukommen sehen. Wir hatten ja einige gemeinsame Erwartungen, und ich kann nur hoffen (aber kaum glauben), dass sich einige davon erfüllt haben oder durch Ihre Amtsführung erfüllen werden.

Sie wissen ja aus unserem Briefwechsel darüber, dass sich meine Einstellung zu interdisziplinären Möglichkeiten mit dem Zeitschwund des Alters sehr geändert hat. Ich habe jetzt wieder, trotz der langen Pause, bei den Sitzungen von »Poetik und Hermeneutik VII« das doch bestätigt gefunden. Es war keine schlechte Tagung, wie das ganze Unternehmen nicht, aber der

am Ende festzustellende Ertrag stand in keinem Verhältnis zum Aufwand – und vor allem in keinem Verhältnis zu den akuten eigenen Arbeitsproblemen.
Wenn ich Ihnen in diesen Tagen ein Stück der Taschenbuchausgabe des ersten Teils der »Legitimität der Neuzeit« schicke, so nicht ohne Ihre neue Belastung zu bedenken. Ich habe aber den Säkularisierungs-Teil in diesem Frühjahr völlig neu geschrieben, und setze doch einige Erwartung auf das Interesse meiner historischen Kollegen. Deshalb unterdrücke ich den Hinweis auf die Neufassung nicht.
Ich besitze noch nicht Ihre private Bielefelder Anschrift und wäre Ihnen dankbar, wenn Sie sie mir geben würden (nicht um die Zahl meiner Zumutungen zu vermehren). Ihr neues Amt gibt ja wenig Hoffnung, dass Kontakte in naher Zukunft außerhalb des Protokolls möglich sein könnten.
Herzliche Grüße und Wünsche
Ihr Blumenberg

ÜBERLIEFERUNG O: Ts.; gedruckter Briefkopf mit hs. Unterschrift Blumenbergs und Eingangsstempel des Zentrums für interdisziplinäre Forschung vom 17. Oktober 1974; DLA Marbach, Nachlaß Reinhart Koselleck.

schon in Homburg: Das siebte Kolloquium von »Poetik und Hermeneutik«, das vom 2. bis 7. Juni 1974, wie es seit dem sechsten Kolloquium üblich wurde, bei der Werner-Reimers-Stiftung in Bad Homburg stattgefunden hat.
Direktor des ZiF: Koselleck amtierte 1974/75 als Geschäftsführender Direktor des ZiF.
der Initiator der Neugründung: Der Soziologe Helmut Schelsky (1912-1984) studierte Philosophie und Soziologie u. a. bei Arnold Gehlen und Hans Freyer an der Universität Leipzig, wo er 1935 promoviert wurde. Die Habilitation erfolgte 1939 in Königsberg. Seine erste Professur an der Reichsuniversität Straßburg konnte er 1943 nicht antreten, da er einberufen wurde. 1948 übernahm er den Lehrstuhl für Soziologie an der Akademie für Gemeinwirtschaft in Hamburg. Es folgten Professuren an den Universitäten Hamburg (1953), Münster (1960) – wo er auch Direktor der Sozialforschungsstelle in Dort-

mund war – und Bielefeld (1970). 1973 ließ er sich an die Universität Münster zurückversetzen. Als Vorsitzender des Gründungsausschusses für eine Universität Ostwestfalen (später: Bielefeld) nahm er entscheidenden Einfluß auf die Struktur der neuen Hochschule. So gründete er auch 1968 nach dem Vorbild der Institutes for Advanced Studies in Princeton und Stanford das »Zentrum für interdisziplinäre Forschung«. Als seine Mitgliedschaft in der NSDAP und anderen nationalsozialistischen Organisationen bekannt wurde und gleichzeitig einige seiner älteren Arbeiten kursierten, sah er sich zum Rücktritt vom Amt des Gründungsvorsitzenden gezwungen, revidierte diese Entscheidung aber nach Solidaritätserklärungen verschiedener Kollegen, darunter Werner Conze und Hermann Lübbe, die ein entlastendes Gutachten zu Schelskys frühen Arbeiten verfaßten. Darin leugneten sie nicht die nationalsozialistische Gesinnung des jungen Schelsky, bezeichneten sie aber als Jugendtorheit, von der die wissenschaftliche Strenge der Arbeiten nicht berührt werde.
bei den Sitzungen von »Poetik und Hermeneutik VII« das doch bestätigt gefunden: Hans Blumenberg war nach längerer Pause noch ein letztes Mal zu einer Tagung der Forschungsgruppe gekommen und hatte auch eine Vorlage geschrieben. Die zwar skeptische, aber doch zurückhaltende Einschätzung des Treffens täuscht darüber hinweg, daß es hier zu ernsten Auseinandersetzungen zwischen Blumenberg und vor allem Harald Weinrich kam, die Blumenberg später endgültig dazu bewogen, nicht mehr an den Kolloquien teilzunehmen.
ein Stück der Taschenbuchausgabe des ersten Teils der »Legitimität der Neuzeit«: Siehe Nr. 29 mit Anm.

[31] BLUMENBERG AN KOSELLECK
O. O., 14. JUNI 1975

Widmung in: Hans Blumenberg, »Ernst Cassirers gedenkend. Bei Entgegennahme des Kuno Fischer-Preises der Universität Heidelberg im Juli 1974«, Sonderdruck aus: Revue internationale de philosophie 28 (1974) H. 4, S. 456-463.

Herrn R. Koselleck
eine Heidelberger Erinnerung
14/VI/75 HB

ÜBERLIEFERUNG O: Hs.; DLA Marbach, Bibliothek Reinhart Koselleck.

»Ernst Cassirers gedenkend«: Kosellecks Exemplar der Druckfassung von Blumenbergs Dankesrede weist durchgehend Anstreichungen auf.
eine Heidelberger Erinnerung: Siehe Nr. 28 und 29.

[32] KOSELLECK AN BLUMENBERG
BIELEFELD, 16. DEZEMBER 1975

Universität   Fakultät für
Bielefeld   Geschichtswissenschaft
– Prof. Dr. R. Koselleck –

Universität Bielefeld 48 Bielefeld 1 Postfach 8640   Ruf (0521) 1061
                                                      Durchwahl 1 06
Herrn   Telex: 932 362 unibi
Prof. Dr. Hans Blumenberg
Grüner Weg 30   Bielefeld, den 16. Dezember 1975
4401 Altenberge   Az.:
                                                      Postst. 22/XII/75

Lieber Herr Blumenberg,
Sie haben mir vom Suhrkamp-Verlag Ihr neues Werk: Die Genesis der kopernikanischen Welt schicken lassen. Dafür danke ich Ihnen ganz besonders herzlich, denn ich habe noch nicht einmal auf Ihre neue Einleitung in der Taschenbuchausgabe reagiert. Nun wird sicher Ihr zweites großes Werk so gewichtig sein wie die Aufmachung bestechend schön ist. Zuvor möchte ich aber doch schnell auf einige Gedanken Ihrer überarbeiteten Neuausgabe des vorletzten Buches eingehen.
Wie der Zufall es will, habe ich gerade die Sonderdrucke von meinen beiden Artikeln über ›Geschichte‹ und ›Fortschritt‹ aus dem zweiten Band des Lexikons erhalten. Ich schicke sie Ihnen mit. Darin werden Sie mehrere Passagen finden, die potentiell ebenfalls in das Angriffsfeld Ihrer Kritik fallen. Nicht alle Ihre Einwände gegen die Säkularisierungsthesen können mich völlig überzeugen. Soweit Sie Zitate oder Argumente aus meiner Doktorarbeit aufgreifen, um sich gegen die Verwandlungs- oder Transformationsthese zu wenden, treffen Sie nicht in das Zentrum meiner damaligen These. In der Tat habe ich Löwith's Buch über ›Weltgeschichte und Heilsgeschehen‹, das

ich ja zu einem Drittel übersetzt hatte, aufgegriffen, um dessen Säkularisierungsthese als bekannt vorauszusetzen. Das war mehr ein Hinweis auf den damaligen Diskussionsstand, von dem aus ich begonnen habe, um meinerseits mit ganz anderen Methoden zu versuchen, die Genese der modernen Utopie aufzuzeigen. Im Grunde fühle ich mich Ihrem, wenn man so will radikal-historischen Ansatz sehr viel näher verwandt. Denn ich versuchte seinerzeit die Entstehung der Utopie aus der Situation im absolutistischen System heraus zu erklären, unter bewußtem Verzicht auf Transformationsthesen. In diesem Sinne habe ich z. B. auch die Topologie von Hobbes gegen ganz analoge topoi bei Luther abgesetzt, um zu zeigen, daß dieselbe Sprachfigur völlig andere Sinnhorizonte intendierte. Das Zentrum meiner Arbeit über ›Kritik und Krise‹ liegt also methodisch Ihren Ansätzen, die ich damals natürlich noch nicht kannte, sehr viel näher. Meine Skepsis gegenüber Ableitungen aus der Vorvergangenheit, um Gegenwart zu begründen, habe ich mehrfach formuliert und sie gipfelt in der theoretischen Überlegung, daß in der Geschichte immer mehr oder weniger geschieht, als in den Vorgegebenheiten enthalten ist. Gibt man das einmal zu, so sind alle Ableitungsthesen schief. Insoweit weiß ich mich mit Ihrer Position völlig einig.
Zugleich wird aber, glaube ich, auch ein Unterschied deutlich, den ich zu formulieren versuche. Neben der Einmaligkeit jeder Situation gibt es natürlich auch länger- und langfristige Strukturen, die sich durchhalten. Das gilt, glaube ich, nicht nur für die Sozialgeschichte, sondern ebenso auch für die Geistesgeschichte. Viele Argumente gewinnen ihren Neuigkeitscharakter nur deshalb, weil eine Vielzahl anderer Argumente als selbstverständlich hingenommen weiter gelten. Das alles haben Sie selber ja sehr viel besser formuliert. In meinem Vortrag über die asymmetrischen Gegenbegriffe auf der vorletzten Hermeneutik-Tagung habe ich versucht, solche langfristigen Sprachstrukturen von ihren einmaligen geschichtlichen Artikulationen abzuheben. (Den Aufsatz habe ich Ihnen nicht ge-

schickt, weil mir Hans Jauss sagte, daß Sie den Band sowieso erhalten). Ich weiß nicht, ob Sie diesen meinen Versuch für gelungen halten, bzw. für gelungen halten können. Sie wenden sich zu Recht gegen eine kausale Wirkungsgeschichte, da Sie letztlich substantialistisch gedacht sein müsse. Aber es gibt doch auch die Übernahme von Möglichkeiten, die vorgegeben sind. Und wenn man das einmal zugesteht, so scheint mir an der Säkularisierungsthese jenseits aller Kulturkritik etc., die ich völlig teile, allerhand Plausibles enthalten zu sein. Ihre theoretischen Unterscheidungen zwischen der Eschatologie und dem Fortschritt sind in sich völlig zwingend und schlüssig. Aber das historische Material kennt eben eine Fülle von Übergangsformeln, Zwischenlösungen, logisch widersprüchliche Aussagen, Vermischung von Methodenbewußtsein und Hoffnungsstrukturen; bei Kant etwa kann das Reich Gottes auf Erden in herkömmlicher Sprache das meinen, was er modern als Ideal des republikanischen Völkerbundes avisiert. Der Jesuitenzögling Weishaupt glaubt ganz sicher, daß der Mensch sich in die Rolle der göttlichen Vorsehung begeben wird, wenn er seine Zukunft plant, um möglichst paradiesische Zustände herbeizuführen. Auch Leibniz wäre hier zu nennen, für den die Unendlichkeit der Welt sicher keine Resignationsform war, sondern Ausdruck eines metaphysischen Glaubens, wenn der Ausdruck gestattet ist.

Nun ist sicher unbestreitbar, daß der Fortschritt, auf einen reinen Begriff gebracht, nichts mit der Eschatologie, soweit sie auf ihren christlichen Begriff gebracht wird, zu tun hat. Insofern stimme ich Ihnen aus Gründen der theoretischen Sauberkeit völlig zu, wenn Sie sich gegen Ableitungsthesen wehren. Aber solche ex post zu treffenden Unterscheidungen greifen während der frühen Neuzeit nur sehr schlecht, weil meines Erachtens die von mir genannten Zwischenformen aufweisbar sind, ohne eindeutig einem geschichtlichen Fortschrittslager oder einem christlichen Hoffnungslager zugewiesen werden zu können. Gerade wenn man die Geschichte nicht substantia-

listisch denkt, müssen doch solche Übergangsformen erst recht erlaubt sein. Wie soll man sie benennen? Wenn Säkularisierung soviel bedeuten soll wie »Entjenseitigung«, dann könnte der Ausdruck doch wohl verwendet werden. Im übrigen halte ich es für richtig, daß man nach Ihrer Kritik besser auf diesen Ausdruck verzichten sollte, zumal er so viele Nebenbedeutungen in sich versammelt, die in die Irre führen.
Was die Zwischenformen betrifft, die Übergangszeiten (und welche Zeit wäre keine Übergangszeit?) kennzeichnen, so bedarf es vielleicht gelegentlich solcher Doppelsinnigkeiten wie die, daß man von »lösen« und »sich lösen« zugleich spricht. Auch für den Abbé Raynal möchte ich die These aufrechterhalten, daß sich seine moralische Geschichtsphilosophie zu einer irdischen Eschatologie ausweitet, nach deren Ende kein durch Kritik zu beeinflussender Prozeß mehr zu erwarten ist, sondern nach dessen Ende in der Tat eine neue Geschichte zu erwarten steht, so wie Marx seinerzeit gesagt hat, daß sich alle bisherige Geschichte in Vorgeschichte verwandeln werde, wenn erst einmal der Endzustand des Kommunismus erreicht sei.
Wenn man aus dem Fortschrittsglauben alle Perfektionsideale wegstreicht, wenn man aus ihm den Vorsehungsglauben wegstreicht, so bleibt in der Tat nur die Machbarkeit der Geschichte übrig: das aber ist nur ein Aspekt des Fortschrittsglaubens, der theoretisch als der einzig neue Gedanke gekennzeichnet werden mag. Aber ohne das Polster der anderen überkommenen Vorstellungen ist er zur Gänze nicht bestimmbar. Und wenn wirklich nur die Machbarkeit der Geschichte der Modernitätskern des Fortschrittsglaubens wäre, so wäre er schnell als reiner Irrtum bloßer Utopie über Bord gegangen. Ohne die Rückversicherung an den stoischen Vorsehungsglauben und ohne den aus dem Christentum stammenden Erwartungshorizont einer paradiesischen Zukunft würde die vermeintliche Machbarkeit der Geschichte schnell in sich zusammensinken. Gerade die Rückversicherungen, die aus den Traditionsbeständen übernommen worden sind, gaben

dem modernen Kern der Machbarkeit ihre enorme Schubkraft.
Zum Schluß noch ein Hinweis: Eichendorff hat zwei Gutachten als Verwaltungsbeamter geschrieben, die sich mit der Säkularisierung im juristischen Sinne beschäftigen. Zugleich urteilt Eichendorff als betroffener Katholik über die Folgen dieser Säkularisation, die er bis in die einzelnen Verästelungen des Lebens hinein verfolgt. Hier liegt ein Fall vor, der den juristischen und den kulturkritischen und antifortschrittlichen Sprachgebrauch zugleich umgreift. Ich habe den Text jetzt nicht bei mir, aber er ist in der modernen kritischen Ausgabe (deren Herausgeber ich vergessen habe) leicht zu finden.
Das für heute: mit nochmaligem herzlichen Dank
grüßt Sie Ihr
Koselleck

P. S.
Die Sonderdrucke gehen mit
eigener Post ab.
D. O.

ÜBERLIEFERUNG O: Ts.; gedruckter Briefkopf; mit hs. Korrektur und Unterschrift Kosellecks sowie Anstreichungen Blumenbergs; DLA Marbach, Nachlaß Hans Blumenberg.

Postst. 22/XII/75: Hs. Vermerk von Blumenberg. Wenn zwischen Datierung und Eingang des Briefs eine größere Zeitspanne lag, notierte Blumenberg den Eingang häufiger, um zu dokumentieren, daß die Sendung ihm erst verspätet zugegangen war.
Die Genesis der kopernikanischen Welt: Hans Blumenberg, *Die Genesis der kopernikanischen Welt*, Frankfurt a. M.: Suhrkamp 1975.
Ihre neue Einleitung in der Taschenbuchausgabe: Siehe Nr. 29 mit Anm. Mit der Einleitung meint Koselleck den ersten Teil des ersten Bands, »Säkularisierung – Kritik einer Kategorie des geschichtlichen Unrechts«.
›Geschichte‹ und ›Fortschritt‹ aus dem zweiten Band des Lexikons: Nr. 32a und 32b.

Passagen/Ihre Einwände gegen die Säkularisierungsthesen: Siehe dazu das Nachwort der Herausgeber, S. 155-157.
Zitate oder Argumente aus meiner Doktorarbeit: Siehe Reinhart Koselleck, *Kritik und Krise. Ein Beitrag zur Pathogenese der bürgerlichen Welt*, Freiburg und München 1959, später wieder aufgelegt als *Kritik und Krise. Eine Studie zur Pathogenese der bürgerlichen Welt*, Frankfurt a. M.: Suhrkamp 1973. Blumenberg zitiert mehrere Passagen aus der Einleitung der Fassung von 1959, in denen er Kosellecks Kernthesen formuliert sieht, so zunächst: »Der Utopismus entsprang einem geschichtlich bedingten, dann aber geschichtsphilosophisch festgelegten Mißverhältnis zur Politik.« (S. 9) Den Satz »Bekannt ist der Vorgang der Säkularisierung, durch den die Eschatologie in eine fortschrittliche Geschichte transponiert wurde« (S. 7) zitiert Blumenberg ohne das erste Wort und kommentiert ihn mit der Bemerkung, es habe »wenig für sich«. Schließlich verweist er noch auf Kosellecks Descartes-Rezeption mit dem Zitat: »Im Zug der Entfaltung des Cogito ergo sum des Descartes als der Selbstgarantie des aus der religiösen Bindung herausgefallenen Menschen schlägt die Eschatologie in die Utopie um. Die Geschichte zu planen wird genauso wichtig[,] wie die Natur in den Griff zu bekommen« (S. 8; Blumenberg, *Säkularisierung und Selbstbehauptung*, S. 40-42). Ausführlicher dazu das Nachwort der Herausgeber, S. 155-157.
Löwith's Buch über ›Weltgeschichte und Heilsgeschehen‹: Der Philosoph Karl Löwith (1897-1973) lehrte von 1952 bis zu seiner Emeritierung 1964 an der Universität Heidelberg. Nach seiner Habilitation bei Heidegger in Marburg (1928) hatte er bis 1934 an der dortigen Universität unterrichtet, wo ihm 1935 während eines Forschungsaufenthalts in Italien wegen seiner jüdischen Herkunft der Lehrauftrag entzogen wurde. Von 1936 bis 1941 war Löwith Professor an der Universität Tōhoku in Sendai (Japan). Nach seiner Übersiedlung in die Vereinigten Staaten lehrte er erst am Hartford Theological Seminary, 1949 wechselte er an die New School for Social Research in New York City. Im selben Jahr erschien sein Werk *Meaning in History. The Theological Implications of the Philosophy of History* (Chicago und London: University of Chicago Press 1949), an dessen von Hanno Kesting besorgter Übersetzung (*Weltgeschichte und Heilsgeschehen. Die theologischen Voraussetzungen der Geschichtsphilosophie*, Stuttgart: Kohlhammer 1953) auch Koselleck mitarbeitete. 1954 fungierte Löwith als Zweitgutachter von Kosellecks Doktorarbeit *Kritik und Krise*. Dieser setzte sich drei Jahrzehnte später für die Veröffentlichung von Löwiths Lebensbericht aus dem Jahr 1940 ein und steuerte ein von tiefem Respekt durchdrungenes Vorwort

bei (in: Karl Löwith, *Mein Leben in Deutschland vor und nach 1933. Ein Bericht* [1986], neu hg. v. Frank-Rutger Hausmann, Stuttgart und Weimar: Metzler 2007, S. IX-XIV). Löwiths *Weltgeschichte und Heilsgeschehen* wurde zu einem der wichtigsten Ausgangspunkte der Säkularisierungsdebatte nach 1945, mit dem sich auch Blumenberg im ersten Teil von *Die Legitimität der Neuzeit* auseinandersetzte. Löwith reagierte darauf mit einer scharfen Kritik. Siehe dazu das Nachwort der Herausgeber, S. 156, Anm. 81.

radikal-historischen Ansatz: Zu Kosellecks Einschätzung von Blumenberg als Historisten siehe das Nachwort der Herausgeber, S. 157-160.

die Topologie von Hobbes gegen ganz analoge topoi bei Luther abgesetzt: Vgl. *Kritik und Krise*, S. 162 f. In dem langen Fußnotenexkurs zu der »im stoischen wie christlichen Weltverständnis« angelegten »Trennung von Innen und Außen« heißt es u. a.: »Luthers Scheidung von Innerlich und Äußerlich, seine Trennung des spiritualen Reiches von der Welt, in der das ›äußerliche‹ Amt der Herrscher für Ruhe und Gerechtigkeit zu sorgen hat, scheint also zu einem ähnlichen Ergebnis zu führen, dem auch Hobbes zustrebte. Hobbes hat die Herrschaft des alttestamentlichen Gesetzes, dessen Vollzug für Luther auch dem Fürsten zustand, in die Herrschaft des absoluten und als solchem gesetzmäßigen Souveräns potenziert. Beide sind sich darin einig, daß das Innere, sei es das Reich des Heiligen Geistes, oder sei es eine religiöse oder moralische ›Gesinnung‹, in dieser Welt nicht herrschen könne, seine Herrschaft vielmehr Streit und Elend mehr als je zuvor herbeiführen würde. Denn der Mensch bleibt ein ›wildes böses Tier‹ – homo homini lupus. Er bedarf um des äußeren Friedens willen der Herrschaft, des Gesetzes; sein Innenraum, sein Glaube oder die Gesinnung werden dadurch nicht berührt. Soweit steht auch die Gegenüberstellung von Innen und Außen bei Hobbes in der christlichen Tradition; auf diesen Zusammenhang hat neuerdings *Kurt Schilling* nachdrücklich hingewiesen […]. So richtig diese inhaltliche Ableitung der Hobbesschen Morallehre aus der Tradition und die ihr entsprechende, auch augustinische, Auffassung des Hobbesschen Staates als eines äußeren Friedensinstitutes sind, so sehr verfehlt diese Interpretation die eigentliche geschichtliche Leistung von Hobbes, die in Anbetracht der faktisch herrschenden Pluralität der religiösen und moralischen Lehren gerade in der funktionalistischen Neuinterpretation der Gewissensphänomene bestand. Auch die Trennung von Innen und Außen, von Gesinnung und Tat hat daher geschichtlich einen völlig neuen Sinn. Ein andeutender Vergleich mit den Reformatoren macht dies klar. Luthers Trennung von Innerlich und Äußerlich entspringt dem absolut gewissen Offenbarungsbewußtsein, durch das er sein Inneres von dieser Welt unterschieden weiß. Und aus der inneren Notwendigkeit, das im Gewissen objektiv hörbare Gotteswort auch verkünden zu müssen, greift er nach außen über. Die Trennung, spiritual erfahren, wird, wie [Johannes] *Kühn* gezeigt hat (Toleranz und Offenbarung, Leipzig 1923, 94), von dem Propheten überstiegen. So wird auch das weltliche Amt dem spiritualen Reich, an dem das Gewissen teilhat, untergeordnet, das Gemeinwesen wird zur ›Erziehungsanstalt des christlichen Volkes‹, und das ›ist ohne Intoleranz undenkbar‹. Hobbes ist ›intolerant‹ aus genau dem entgegengesetzten Grund. Er stattet den Staat mit seiner Allmacht aus, gerade um Schutz zu finden vor jenen Verkündern der Offenbarung (Lev. I, 2 passim), die – im Unterschied zu Luther – das weltliche Amt völlig absorbieren zu können glaubten. Dabei abstrahiert er gerade von dem religiösen Innenraum, um ihn als politischen Faktor zu analysieren.«

Vortrag über die asymmetrischen Gegenbegriffe: Vortrag im September 1972 auf dem sechsten Kolloquium der Forschungsgruppe »Poetik und Hermeneutik« in Bad Homburg. Vgl. Reinhart Koselleck, »Zur historisch-politischen Semantik asymmetrischer Gegenbegriffe«, in: Harald Weinrich (Hg.), *Positionen der Negativität* (Poetik und Hermeneutik VI), München: Fink 1975, S. 65-104 (auch in: *Vergangene Zukunft*, S. 211-259).

Kant ... Reich Gottes auf Erden: Siehe Immanuel Kant, *Die Religion innerhalb der Grenzen der bloßen Vernunft* (1793), »Drittes Stück: Der Sieg des guten Princips über das böse und die Gründung eines Reichs Gottes auf Erden«, in: *Kant's Gesammelte Schriften* (Akademie-Ausgabe), Bd. VI, S. 91-123.

Weishaupt: Adam Weishaupt (1748-1830) war ein freimaurerischer Geschichtsphilosoph und der Gründer des Illuminatenordens. Vgl. Reinhart Koselleck, »Adam Weishaupt und die Anfänge der bürgerlichen Geschichtsphilosophie in Deutschland«, in: *Tijdschrift voor de Studie van de Verlichting* 4 (1976), H. 3/4, S. 317-327 (auch in: *Vom Sinn und Unsinn der Geschichte*, S. 273-285).

Abbé Raynal: Mit dem französischen Priester und Schriftsteller Guillaume-Thomas François Raynal (Abbé Raynal, 1713-1796) hatte Koselleck sich nicht nur in *Kritik und Krise*, sondern auch in einer ebenfalls 1959 erschienenen Buchrezension eingehender auseinandergesetzt. Vgl. Reinhart Koselleck, Rez. zu: Hans Wolpe, *Raynal et sa machine de guerre*, in: *Archiv für Rechts- und Sozialphilosophie* 45 (1959), H. 1, S. 126-128.

so wie Marx seinerzeit gesagt hat, daß sich alle bisherige Geschichte

in Vorgeschichte verwandeln werde, wenn erst einmal der Endzustand des Kommunismus erreicht sei: Siehe das Vorwort zu Karl Marx' *Zur Kritik der politischen Ökonomie* (1859).
Eichendorff / Gutachten: Der katholische Dichter und Schriftsteller Joseph von Eichendorff (1788-1857) legte 1819 für das zweite juristischen Staatsexamen in Breslau die Probearbeit »Über die Folgen von der Aufhebung der Landeshoheit der Bischöfe und der Klöster in Deutschland« vor, von der auch noch eine zweite, wohl um 1845 erarbeitete Fassung mit dem Titel »Die Aufhebung der geistlichen Landeshoheit und die Einziehung des Stift- und Klostergutes in Deutschland« überliefert ist. Koselleck bezieht sich hier wahrscheinlich – wie bereits in einem den Begriff der Säkularisation behandelnden Brief an Hermann Lübbe vom 20. Dezember 1964 (DLA Marbach, Nachlaß Reinhart Koselleck) – auf die folgende, editionsphilologisch inzwischen überholte Ausgabe beider Texte: Joseph Freiherr von Eichendorff, *Neue Gesamtausgabe der Werke und Schriften in vier Bänden,* Bd. 4: *Literaturhistorische Schriften, Historische Schriften, Politische Schriften,* hg. von Gerhart Baumann in Verbindung mit Siegfried Grosse, Stuttgart: J. G. Cotta'sche Buchhandlung Nachf. 1958 (»Die Aufhebung der geistlichen Landeshoheit und die Einziehung des Stifts- und Klosterguts in Deutschland 1818«, S. 1083-1131; »Über die Folgen von der Aufhebung der Landeshoheit der Bischöfe und der Klöster in Deutschland«, S. 1133-1184).
Die Sonderdrucke: Siehe Nr. 32a und Nr. 32b.

[32A] KOSELLECK AN BLUMENBERG
[BIELEFELD, 16. DEZEMBER 1975]

Widmung in: Reinhart Koselleck, »Fortschritt«, Sonderdruck aus: Otto Brunner, Werner Conze und Reinhart Koselleck (Hg.), Geschichtliche Grundbegriffe. Historisches Lexikon zur politisch-sozialen Sprache in Deutschland, Bd. 2: E–G, Stuttgart: Klett 1975, S. 351-354 und 363-423.

Herrn Hans Blumenberg
zur Kritik übereignet von Koselleck
Dez. 75

ÜBERLIEFERUNG O: Hs.; DLA Marbach, Bibliothek Hans Blumenberg.

Sonderdruck: Der Sonderdruck enthält nur die von Koselleck geschriebenen Teile des Artikels, nicht die des Mitautors Christian Meier. In Teil 1 finden sich Unterstreichungen Blumenbergs. Der Titel erscheint allerdings nicht in der Leseliste, wohl deswegen, weil Blumenberg ihn nur selektiv lesen konnte.

[32B] KOSELLECK AN BLUMENBERG
[BIELEFELD, 16. DEZEMBER 1975]

Widmung in: Reinhart Koselleck, »Geschichte, Historie«, Sonderdruck aus: Otto Brunner, Werner Conze und Reinhart Koselleck (Hg.), Geschichtliche Grundbegriffe. Historisches Lexikon zur politisch-sozialen Sprache in Deutschland, Bd. 2: E–G, Stuttgart: Klett 1975, S. 593-596 und 647-717.

Herrn Hans Blumenberg
mit herzlichen Grüssen von
Reinhart Koselleck
Dez. 75.

ÜBERLIEFERUNG O: Hs.; DLA Marbach, Bibliothek Hans Blumenberg.

Sonderdruck: Der Sonderdruck enthält nur die von Koselleck geschriebenen Teile des Artikels, nicht die seiner Mitautoren Odilo Engels, Horst Günther und Christian Meier. Er weist im ersten von Koselleck verfaßten Teil Unterstreichungen auf. Der Titel erscheint allerdings nicht in der Leseliste, wohl deswegen, weil Blumenberg ihn nur selektiv lesen konnte.

[33] KOSELLECK AN BLUMENBERG
O.O., O.D. [WOHL 1976]

Widmung in: Reinhart Koselleck, »›Erfahrungsraum‹ und ›Erwartungshorizont‹ – zwei historische Kategorien«, Sonderdruck aus: Ulrich Engelhardt, Volker Sellin und Horst Stuke (Hg.), Soziale Bewegung und politische Verfassung. Beiträge zur Geschichte der modernen Welt (Werner Conze zum 31. Dezember 1975), Stuttgart: Klett 1976, S. 13-33.

Für Herrn Blumenberg
mit herzlichem Gruß –
Reinhart Koselleck

ÜBERLIEFERUNG O: Hs.; DLA Marbach, Bibliothek Hans Blumenberg.

»›Erfahrungsraum‹ und ›Erwartungshorizont‹ – zwei historische Kategorien«: Der Sonderdruck weist nur auf der ersten Seite Lesespuren auf (Unterstreichungen an zwei Stellen). Vermutlich hat Blumenberg den Aufsatz nicht zu Ende gelesen. In Blumenbergs Leseliste ist der Titel nicht aufgeführt.

[34] KOSELLECK AN BLUMENBERG
BIELEFELD, 25. AUGUST 1977

Universität	Zentrum für
Bielefeld	interdisziplinäre Forschung
	Das Direktorium
	Prof. Dr. Reinhart Koselleck

4800 Bielefeld Wellenberg 1	Ruf (0521) 106 2778
Herrn	
Prof. Dr. Hans Blumenberg	
Grüner Weg 30	
4401 Altenberge	Bielefeld, den 25. August 1977
	Az.:

Sehr verehrter, lieber Herr Blumenberg,
im Namen des Direktoriums des ZiF trete ich mit einer Bitte an Sie heran: haben Sie Lust und Interesse, im kommenden Jahr ein Autorenkolloquium bei uns abzuhalten?
Es käme darauf an, daß wir zusammen eine Liste aufstellen der Gäste, die an Ihrem Werk so viel Interesse gefunden haben, daß sie gerne durch persönliche Rücksprachen sich mit Ihnen darüber auseinandersetzen würden. Ich glaube, daß diese Liste sehr lang sein wird, und daß es eher darauf ankommt, sie auf etwa 20 Personen zu begrenzen, um die Gesprächsrunde sinnvoll zusammenhalten zu können.
Die Zeitdauer eines solchen Gesprächs ist bisher üblicherweise ein Tag gewesen: besser ein Nachmittag, mit abendlichem Treffen und noch einmal ein Vormittag im Anschluß daran.
Es wäre für uns eine Ehre, wenn Sie uns ein solches Autorengespräch gewähren würden. Über das Datum im Laufe des kommenden Jahres könnten wir uns sicher schnell einigen. Nur müßten die Einladungen auch mit einem halbjährigen Vorlauf ausgehen. Bisher haben wir darauf verzichtet, irgendwelche Vorlagen anzufordern oder Referate zu verlangen, da

wir davon ausgehen, daß solche Teilnehmer das jeweilige Werk des Autors genügend kennen, um sinnvoll darüber sprechen zu können.
Während meiner Direktoriumszeit hatten wir bisher Herrn Jakobson und Herrn Gadamer als Autoren zu Gast. Ich darf aus Erfahrung sagen, daß sich diese Institution außerordentlich bewährt hat und für alle Teilnehmer großen Gewinn brachte.
Schließlich möchte ich hinzufügen, daß Sie vielleicht als einer der geistigen Väter des Zentrums eine zusätzliche Motivation haben mögen, uns hier zu besuchen.
Es grüßt Sie herzlich
Ihr
Koselleck

ÜBERLIEFERUNG O: Ts.; gedruckter Briefkopf; mit hs. Unterschrift Kosellecks; DLA Marbach, Nachlaß Hans Blumenberg.

Jakobson: Der russisch-amerikanische Literaturwissenschaftler, Linguist und Semiotiker Roman Jakobson (1896-1982) war Mitbegründer der Prager Schule des Strukturalismus. Für die Linguisten bei »Poetik und Hermeneutik«, wie z. B. Wolf-Dieter Stempel und Harald Weinrich, spielte seine Theorie eine wichtige Rolle und kam daher auch in den Diskussionen der Gruppe zur Sprache.
Gadamer: Hans-Georg Gadamer (1900-2002) war nach dem Existenzphilosophen Franz Josef Brecht Kosellecks zweiter philosophischer Lehrer in Heidelberg. Nach seiner Habilitation bei Heidegger (1929) lehrte Gadamer wie Löwith in Marburg, von 1933 an vertrat er aus rassepolitischen Gründen vakant gewordene Lehrstühle in Kiel und Marburg, bis er 1939 eine Professur an der Universität Leipzig erhielt, wo er – nach eher zurückhaltender Anpassung an den Nationalsozialismus – 1945 Dekan der Philosophischen Fakultät und 1947 Rektor wurde. 1949 folgte er dem Ruf an die Universität Heidelberg als Nachfolger von Karl Jaspers. Mit Gadamers Hermeneutik, nicht zuletzt seinem Hauptwerk *Wahrheit und Methode. Grundzüge einer philosophischen Hermeneutik* (Tübingen: Mohr 1960), hat sich Koselleck immer wieder auseinandergesetzt. Vgl. Reinhart Koselleck, »Historik und Hermeneutik« (1987), in: *Zeitschichten*, S. 97-118.

Blumenberg stand schon während seiner Zeit als Assistent in Kiel im Kontakt mit Gadamer, persönlich lernte er ihn 1953 beim XI. Internationalen Philosophenkongreß in Brüssel kennen, aber schon ein Jahr zuvor hatte er ihm seine Mitarbeit bei der *Philosophischen Rundschau* angeboten, für die er dann von 1955 an gelegentlich Rezensionen schrieb. Zudem war Gadamer 1956 einer der drei Gutachter bei Blumenbergs Ernennung zum Diätendozenten. Der Kontakt intensivierte sich im Rahmen der gemeinsamen begriffsgeschichtlichen Interessen. So lud Gadamer Blumenberg zum ersten Treffen der »Senatskommission für Begriffsgeschichte« der Deutschen Forschungsgemeinschaft 1958 nach Jugenheim ein, wo dieser einen ersten Entwurf seiner »Paradigmen zu einer Metaphorologie« vorstellte (vgl. Margarita Kranz, »Begriffsgeschichte institutionell. Die Senatskommission für Begriffsgeschichte der Deutschen Forschungsgemeinschaft [1956-1966]. Darstellung und Dokumente«, in: *Archiv für Begriffsgeschichte* 53 [2011], S. 153-226). Später trübte sich ihr kollegiales und respektvolles Verhältnis allerdings ein. In einem späten Brief warf Blumenberg Gadamer vor, dieser habe immer verhindert, daß er auf eine Professur südlich des Mains berufen werde (Blumenberg an Gadamer, 16. September 1987, DLA Marbach, Nachlaß Blumenberg).

[35] BLUMENBERG AN KOSELLECK
MÜNSTER / ALTENBERGE, 2. SEPTEMBER 1977

Westfälische Wilhelms-Universität   44 Münster (Westf.), den
Philosophisches Seminar   Johannisstr. 12–20
                                    Telefon 4901/4460

                                                    2.9.77

PROF. DR. HANS BLUMENBERG
                              priv. 4401 Altenberge
                                    Grüner Weg 30
                                    T. 02505/579

Herrn
Prof. Dr. Reinhart Koselleck
– Direktorium des
  Zentrum für interdisziplinäre Forschung
  der Universität Bielefeld –
4800 Bielefeld
Wellenberg 1

Lieber Herr Koselleck,
es mag durchaus sein, daß es Leute gibt, die mit mir über die
»Legitimität der Neuzeit« oder anderes reden möchten und
dafür auch eine Reise in kauf nehmen. Ich würde diesen allen
gern sagen, wie sehr ich mich ihres Interesses erfreue, das vielleicht darauf beruht, daß sie erst vor kurzem etwas davon gelesen haben. Für mich sind Bücher, die ich vor längerer oder
kürzerer Zeit geschrieben habe, tot und vergessen; mich interessiert nur, was ich heute schreibe und morgen oder übermorgen, wenns gut geht, anderen zur Kenntnis bringe. Am längst
Geschriebenen kann man doch nichts mehr ändern, welcher
Mist auch immer dastehen mag; und wenn man die Chance
bekommt, etwas zu ändern, wirds damit nicht immer besser.
Wozu also so viel darüber diskutieren? Ich bin auch zu früheren Symposien über die »Legitimität« nicht mehr gefahren, z. B.

zu dem von Enrico Castelli in Rom, nachdem ich das einmal in Berlin unter der Regie von Taubes drei Tage mitgemacht habe, einschließlich langer Belehrungen über Faschismus etc. Nein, ich habe es einfach satt, mich von irgendwelchen Grünschnäbeln mit gerade mühsam Angelesenem traktieren zu lassen, und das Ganze dann auch noch als ›Teil eines Diskurses‹ betrachten zu sollen. Dies liest sich vielleicht wie ein Stück Arroganz, ist aber Ausdruck schlichter Ohnmacht und Ungeduld. Der Unlust am alten Thema über Jahre ist übrigens auch meine Antwort auf Ihren Brief vom 16. Dezember 1975 zum Opfer gefallen. Bitte, verzeihen Sie mir, ich mochte nicht noch einmal über alles nachdenken (und vielleicht zweifelte ich auch, ob ichs könnte). Das verzeihe ich mir gar nicht, so wenig wie, je an Interdisziplinarität geglaubt zu haben oder dafür Schriftsätze verfaßt zu haben.
Herzliche Grüsse Ihres H. Blumenberg

ÜBERLIEFERUNG O: Ts.; mit hs. Grußformel und Unterschrift Blumenbergs; DLA Marbach, Nachlaß Reinhart Koselleck.

Enrico Castelli: Enrico Castelli Gattinara di Zubiena (1900-1977) lehrte bis zu seiner Emeritierung 1970 als Professor für Religionsphilosophie an der Universität La Sapienza in Rom. Er war Gründer des »Archivio di Filosofia« und der religionsphilosophischen Tagungsreihe »Colloqui Castelli«, die er von 1961 bis zu seinem Tod jährlich veranstaltete. Zu den Gästen gehörten u. a. Umberto Eco, Hans-Georg Gadamer, Károly Kerényi, Hans Küng, Emmanuel Lévinas, Karl Löwith, Jean-Luc Marion, Karl Rahner, Paul Ricœur und Gershom Scholem. Blumenberg wurde mehrmals von Castelli eingeladen: 1972 nahm Blumenberg zunächst die Einladung an, sagte dann aber einen Monat vor der Tagung ab, da er seine Vorlage nicht rechtzeitig fertigstellen konnte; 1973 sagte er postwendend ab. Auf einen erneuten Anlauf im Jahr 1976 hat er wohl nicht einmal mehr reagiert (siehe den Briefwechsel zwischen Blumenberg und Castelli in: DLA Marbach, Nachlaß Blumenberg).
Taubes: Der Philosoph Jacob Taubes (1923-1987) wurde 1947 in Zürich mit »Studien zu Geschichte und System der abendländischen Eschatologie« promoviert und nach Lehrtätigkeiten in den USA und

Israel 1966 ordentlicher Professor für Judaistik und Hermeneutik an der Freien Universität Berlin. Taubes war seit dem ersten Kolloquium Mitglied bei »Poetik und Hermeneutik« und mit Blumenberg, Habermas und Henrich Herausgeber der Reihe »Theorie« im Suhrkamp Verlag. Blumenberg entwickelte im Laufe der Jahre ein zunehmend kritisches und distanziertes Verhältnis zu ihm. Vgl. dazu *BW Blumenberg Taubes*. Zu der erwähnten Tagung, die vom 17. bis 20. November 1967 in Berlin stattfand, siehe ebd., S. 119-155 sowie das dort unter Materialien 8 abgedruckte Einladungsschreiben (S. 247-251). Zu den Eingeladenen gehörte auch Koselleck.
Ihren Brief vom 16. Dezember 1975: Siehe Nr. 32.

[36] KOSELLECK AN BLUMENBERG
O. O., O. D. [WOHL MÄRZ 1978]

Widmung in: Reinhart Koselleck, »›Neuzeit‹. Zur Semantik moderner Bewegungsbegriffe«, Sonderdruck aus: ders. (Hg.), Studien zum Beginn der modernen Welt, Stuttgart: Klett-Cotta 1977, S. 264-299.

Für Herrn Blumenberg
mit freundlichen Grüssen von dem Herausgeber der
Studien zum Beginn der modernen Welt
Industrielle Welt, Band 20
– Ihr R. Koselleck

Stuttgart 1977

ÜBERLIEFERUNG O: Hs.; DLA Marbach, Bibliothek Hans Blumenberg.

März 1978: Blumenberg notierte sich auf dem Umschlag: »1/3/78«.
»›Neuzeit‹. Zur Semantik moderner Bewegungsbegriffe«: In der Leseliste mit dem Datum 22. März 1978 vermerkt und als einziger der Koselleck-Titel mit einer »!« benotet. Der Sonderdruck enthält viele Unterstreichungen, zudem auf S. 277 ein Häkchen an der Stelle, an der auf Blumenbergs *Aspekte der Epochenschwelle* verwiesen wird, und auf S. 281 die Korrektur eines Druckfehlers in einem lateinischen Zitat. Am Ende des Aufsatzes steht: »K 14643.17«, der Verweis auf eine Karteikarte, auf der das entsprechende Zitat notiert und archiviert wurde.
Studien zum Beginn ...: Kursiv gesetzte Angaben auf dem Titelblatt gedruckt; davor »aus:« durchgestrichen.
Stuttgart 1977: Hs. Zusatz als bibliographische Ergänzung über dem Verlagsschriftzug.

[37] Blumenberg an Koselleck
   Altenberge, 10. August 1979

10.8.1979

priv.   Grüner Weg 30
       4401 Altenberge

Herrn
Prof. Dr. R. Koselleck
Zentrum für
Interdisziplinäre Forschung
der Universität Bielefeld
Wellenberg 1
4800 Bielefeld

Lieber Herr Koselleck,
wohl nicht ohne Ihre Zustimmung, vielleicht sogar auf Ihre
Veranlassung, hat mir der Verlag die »Vergangene Zukunft«
geschickt. Wie auch immer, schon dem Verfasser gebührt der
Dank eines jeden, der es endlich in der Hand hält und dem
Wirklichkeitsbegriff I, nach der Sprachregelung von »Poetik
und Hermeneutik« I, zuordnet.
Es ist der seltene Fall eines Buches, von dem ich bei der ersten
Inspektion des Inhaltsverzeichnisses sagen kann: Ich habe es
bereits gelesen. Nur »Standortbindung und Zeitlichkeit« und
»Terror und Traum« sind mir unbekannt, bei »Verfügbarkeit
der Geschichte« bin ich unsicher.
Denke ich zurück an unsere erste Historiker-Sitzung im Zuge
der Bielefeld-Planung, so erscheint mir dies nun als der terminus ad quem dessen, was uns bei dem Projekt der historischen
Temporalität vorschwebte. Es trifft sich, dass ich in diesem
Herbst mit der bereits in Korrektur befindlichen »Arbeit am
Mythos« auch wenigstens einen winzigen Beitrag zum Thema

der Phänomenologie der Geschichtszeit liefern kann. Mögen also die Gründungsillusionen verlaufen sein, wie sie wollten, so haben wir doch mit einer gewissen Sturheit den sachlichen Fixpunkt im Auge behalten. Und das, wie ich immer mehr finde, ohne die institutionelle Abstützung interdisziplinärer Mechanismen. Denn welche unnötigen Komplikationen hätte es in Ihr Buch hineingetragen, wenn Sie durch Kenntnis des vierten Teils meiner »Genesis der kopernikanischen Welt« das schöne Herder-Zitat über die Pluralität der Geschichtszeit im Gegensatz zur Naturzeit hätten differenzieren müssen im Hinblick auf die ganz ähnlichen Erörterungen zu Einheit und Vielheit schon der physischen Zeit? Ohne ein gewisses Maß der Abschirmung des eigenen Schreibplatzes vor den Beunruhigungen durch andere können wir unsere Sache nicht deutlich genug sehen und sagen. Sie sehen, ich bin beim Lieblingsthema des Apostaten, bei der Nutzlosigkeit der Interdisziplinarität. Damit will ich nicht fortfahren, zumal dieser Tage auch noch das schöne Zeugnis der durch den Buchbinder hergestellten Einheit der Vielheit unter dem Titel »Poetik und Hermeneutik« VIII auf den Tisch kam. Die Lebenskraft dieses Unternehmens verblüfft mich immer wieder. In meinen Augen hat es etwas Saurierhaftes, einer fernen Erdepoche Zugehöriges und mit meiner Lebensgeschichte Berührungsloses. Aber ich weiß, dass das eine Illusion ist, denn ich habe natürlich meinen heutigen Arbeitsstil definiert gegen die mit diesem Titel und anderen verbundenen Erfahrungen.
Da nichts einen Anlass zu versprechen scheint, dass wir uns einmal wieder sehen, beschränke ich mich auf die gute alte Fernmagie der guten Wünsche für neue Unternehmungen und künftige Bücher und grüße Sie

ÜBERLIEFERUNG K: TsD.; mit hs. Korrektur Blumenbergs; DLA Marbach, Nachlaß Hans Blumenberg.

die »Vergangene Zukunft«: Reinhart Koselleck, *Vergangene Zukunft. Zur Semantik geschichtlicher Zeiten,* Frankfurt a. M.: Suhrkamp 1979.
Wirklichkeitsbegriff I: In einer Reihe von Vorträgen unterschied Blumenberg seit 1961 vier verschiedene Wirklichkeitsbegriffe, die sich historisch nach und nach entwickeln, bestimmte Epochen zwar wesentlich charakterisieren, ihnen aber nicht fest zugeschrieben werden können. Der erste gedruckte Vortrag, der diese vier Begriffe einführte, war »Wirklichkeitsbegriff und Möglichkeit des Romans«, in: Hans Robert Jauß (Hg.), *Nachahmung und Illusion* (Poetik und Hermeneutik I), München: Fink 1964, S. 9-27, wieder in: ders., *Ästhetische und metaphorologische Schriften,* hg. v. Anselm Haverkamp, Frankfurt a. M.: Suhrkamp 2001, S. 47-73. Mit dem Wirklichkeitsbegriff I ist dabei die historisch früheste, vor allem für die Antike prägende Konzeption der »momentanen Evidenz« gemeint. Mit ihr ist eine Haltung bezeichnet, die die Wahrheit der Welt passiv aufnimmt und erkennt, daß das, was vor sich geht, unmittelbar und zweifelsfrei wirklich ist (vgl. ebd., S. 49 f.). Es handelt sich hier also um eine ironische Anspielung auf die Zusendung vom Verlag.
bereits gelesen: Auch in anderen Fällen kritisierte Blumenberg die erneute Publikation bereits erschienener Texte in Aufsatzsammlungen. Vgl. das Nachwort der Herausgeber, S. 146, Anm. 64.
»Standortbindung und Zeitlichkeit«: Reinhart Koselleck, »Standortbindung und Zeitlichkeit. Ein Beitrag zur historiographischen Erschließung der geschichtlichen Welt«, in: *Vergangene Zukunft,* S. 176-207.
Zeitlichkeit: Hs. korrigiert aus »Zeitigkeit«.
»Terror und Traum«: Reinhart Koselleck, »Terror und Traum. Methodologische Anmerkungen zu Zeiterfahrungen im Dritten Reich«, in: *Vergangene Zukunft,* S. 278-299. Bei dem Aufsatz handelt es sich um einen Originalbeitrag, der auf zwei unveröffentlichten Vorträgen von 1971 und 1976 aufbaute. Siehe dazu auch das Nachwort der Herausgeber, S. 153 f.
»Verfügbarkeit der Geschichte«: Reinhart Koselleck, »Über die Verfügbarkeit der Geschichte«, in: *Vergangene Zukunft,* S. 260-277. Der Aufsatz geht auf einen Vortrag in der Carl Friedrich von Siemens Stiftung in München zurück, den Koselleck im Juli 1976 im Rahmen der Vortragsreihe »Grenzen der Machbarkeit. Gibt es noch Schicksal?« hielt. Er war bereits erschienen in: *Schicksal? Grenzen der Machbarkeit. Ein Symposion,* mit einem Nachwort von Mohammed Rassem, München: dtv 1977, S. 51-67.

unsere erste Historiker-Sitzung im Zuge der Bielefeld-Planung: Siehe Nr. 2 mit Anm.

»Arbeit am Mythos« / Phänomenologie der Geschichtszeit: Blumenbergs 1979 erschienene Studie *Arbeit am Mythos* ist eine Ausarbeitung seiner Mythentheorie, die – nach ersten Ansätzen schon in der Habilitation von 1950 (*Die ontologische Distanz*) – vor allem in dem Aufsatz »Wirklichkeitsbegriff und Wirkungspotential des Mythos« (in: Fuhrmann, *Terror und Spiel*, S. 11-66) Gestalt annahm. In der Buchfassung entfaltet er aber zum ersten Mal seine an Erich Rothacker anknüpfende Theorie der Bedeutsamkeit und verknüpft sie mit Ansätzen zu einer Anthropologie, nach der der Mensch sich in erster Linie bemüht, dem »Absolutismus der Wirklichkeit« standzuhalten. So heißt es dann auch im einleitenden Abschnitt »Nach dem Absolutismus der Wirklichkeit«: »Innerhalb einer ersten Skizze der Verarbeitungsformen früher Übermachterfahrung einen Grenzbegriff der Vereinzigung dieser Erfahrung zu bestimmen, läßt sich als Aufgabe der ›freien Variation‹, als ein Stück Phänomenologie begreifen« (S. 30). Obwohl sich Blumenberg seit seiner Studienzeit bei Ludwig Landgrebe immer intensiv mit Husserls Phänomenologie auseinandergesetzt hat und vor allem auch die postum erschienene *Beschreibung des Menschen* (hg. v. Manfred Sommer, Frankfurt a. M.: Suhrkamp 2006) davon geprägt ist, erscheint der Begriff in der Studie zum Mythos sonst noch nicht.

das schöne Herder-Zitat: Vgl. *Vergangene Zukunft*, S. 10 (Vorwort): »In Herders emphatischen, gegen Kant gerichteten Worten: *Eigentlich hat jedes veränderliche Ding das Maß seiner Zeit in sich; dies besteht, wenn auch kein anderes da wäre; keine zwei Dinge der Welt haben dasselbe Maß der Zeit ... Es gibt also (man kann es eigentlich und kühn sagen) im Universum zu einer Zeit unzählbar viele Zeiten«* (zit. nach: Johann Gottfried Herder, *Metakritik zur Kritik der reinen Vernunft* [1799], Berlin: Aufbau 1955, S. 68). Koselleck unterstrich im vierten Teil von *Die Genesis der kopernikanischen Welt* (»Der Stillstand des Himmels und der Fortgang der Zeit«) die folgende, auf die »authentische Leistung« Giordano Brunos und das durch sie »notwendige Zugeständnis« abhebende Passage, wonach »so viele Zeiten wie Welten sein mußten und folglich der Vorzug der phänomenalen Himmelsbewegung nur ein faktisch terrestrischer und damit subjektiver sein konnte« (S. 603 f.), und notierte daneben »Herder!«.

»Poetik und Hermeneutik« VIII: Odo Marquard und Karlheinz Stierle (Hg.), *Identität* (Poetik und Hermeneutik VIII), München: Fink 1979.

[38] KOSELLECK AN BLUMENBERG
BIELEFELD, 21. AUGUST 1979

Universität   Fakultät für
Bielefeld   Geschichtswissenschaft

Prof. Dr. R. Koselleck,

Universität Bielefeld 48 Bielefeld 1 Postfach 8640   Ruf (0521) 1061
Herrn   Durchwahl 1 06 3225
Prof. Dr. Hans Blumenberg   Telex: 932 362 unibi
Johannisstr. 12-20
4400 Münster   Bielefeld, den 21. August 1979

Az: K/g

Lieber Herr Blumenberg,

ich habe mich sehr über Ihren Brief gefreut, mit dem Sie als erster auf meinen Band »Vergangene Zukunft« reagiert haben. Daß Sie ein Exemplar mit meiner Zustimmung erhalten haben, ist selbstverständlich. Ihr Name rangiert nicht nur des Alphabetes wegen obenan auf der Liste derer, die vom Verlag einen Band zugesandt bekommen sollten. Aber der Verlag hat obendrein schneller gehandelt, denn die Liste liegt noch bei mir in der Mappe, so daß ich nicht einmal die Verantwortung für mich verbuchen kann, die ich gerne übernehme.
Sie betonen die Konsequenz, mit der ich schließlich einiges zur Geschichtszeit auf den Büchermarkt geworfen habe. Aber dieser Hinweis ist doch sehr ambivalent, denn was bedeutet schließlich eine Aufsatzsammlung, die nur deshalb entstanden ist, weil ich – im Unterschied zu Ihnen – nicht dazu gekommen bin, das Ganze mit einer Konzeption als Buch zu schreiben. Das gehört zur Semantik professoraler Zeiten, von denen Sie sich ja wahrlich erfolgreich abgesetzt haben. Vielleicht gelingt

es mir doch noch einmal, Ihrem Beispiel nachzueifern, gerade jetzt, wo die von uns erarbeitete Bielefelder Verfassung und unser Curriculum mit einem Federstrich vom Gesetzgeber beseitigt worden sind, ganz abgesehen von den Kollegen aus der PH, die jetzt in unsere Fakultät eingeschleust werden. Was bleibt da noch übrig, als der konsequente Rückzug an den eigenen Schreibtisch?

Wie gering die Aufnahmefähigkeit trotz aller Interdisziplinarität geworden ist, zeigt das Beispiel Ihres Herder-Zitates, mit dem Sie zu Recht einklagen, daß ich Ihre »Genesis der kopernikanischen Welt« hätte zu Rate ziehen sollen. So griff ich denn zum Buch und mußte zu meinem Erstaunen feststellen, daß ich genau dieses Kapitel schon gelesen und mit Anmerkungen versehen hatte, das Sie mir ex post empfohlen haben. Ich hatte es schlichtweg vergessen oder vielleicht auch verdrängt? Jedenfalls bleibt die damit aufgeworfene Frage nach der Relation von Naturzeit und Geschichtszeit spannend genug. Vermutlich kann ich mich aus der Schlinge ziehen, indem die von Ihnen apostrophierten Differenzen und Relativitäten der Naturzeiten für die Kontrastierung zu den geschichtlichen Zeiten vergleichsweise unerheblich sind. Das mag wissenschaftsgeschichtlich nicht stimmen, aber für meinen Versuch, geschichtliche Zeiten herauszupräparieren, darf ich es wohl wagen, die Naturzeit zu verwenden, auf die sich im Laufe der Geschichte die einmal entstandenen Kalender und Chronologien bezogen haben. Das, was ich mit dem Ausdruck geschichtlicher Zeiten unzulänglich zu fassen suche, läßt sich kaum auf jene Chronologien rundum beziehen, so sehr sie selber Ausdruck eines bestimmten geschichtlichen Zeitverständnisses jeweils gewesen sind. Kurzum es bleibt eine offene Frage, gegen die ich mich nicht auf die Dauer immunisieren sollte.

Daß die Poeten und Hermeneuten immer noch tagen, wie auch jetzt wieder im nächsten Monat, ist tatsächlich erstaunlich und vielleicht auch schon anachronistisch, wie Sie sagen. Ich selber war schon des öfteren nicht mehr dabei, und würde

es auch vorziehen, diese biologisch gealterte Gruppe langsam aus dem interdisziplinären Verkehr zu ziehen, um neuen Kombinationen freien Raum zu stiften. Zur Theorie der Geschichte haben wir ja in der Reimers-Stiftung eine ähnliche Gruppe gebildet, deren Niveau sicher nicht zu anspruchsvoll ist, weshalb wir denn auch nach der Publikation von 5 Büchern Schluß machen wollen. Sie persönlich dazuzubitten, was ich gerne getan hätte, wage ich freilich schon nicht mehr, nachdem Sie mir sogar für ein Kolloquium eine Absage erteilt haben, das nur Ihrem eigenen Werk dienen sollte. So möchte ich denn hiermit eine Dauereinladung aussprechen, für den Fall, daß Sie Lust haben, einmal in Bielefeld einen Vortrag zu halten, etwa zum Verhältnis der Naturzeiten zu den Geschichtszeiten. Ich möchte Sie nicht drängen, aber Sie wissen lassen, daß ich mich natürlich über eine Zusage immer freuen werde.
Falls wir uns nicht auf diese Weise einmal wieder sprechen können, bleibt schließlich die Möglichkeit, daß Sie mich oder ich Sie gelegentlich besuche. Dann entfällt jedenfalls jeder interdisziplinäre Zwang und bekanntlich läßt sich jenseits aller hochtrabenden Programmatiken immer noch am besten reden. So seien Sie nicht überrascht, wenn ich Sie doch einmal anrufe und frage, ob ich Sie besuchen darf.
Es grüßt Sie herzlich – wie immer
Ihr
Koselleck

ÜBERLIEFERUNG O: Ts.; gedruckter Briefkopf; mit hs. Korrektur und Unterschrift Kosellecks; DLA Marbach, Nachlaß Hans Blumenberg.

Ihren Brief: Siehe Nr. 37.
Ihres Herder-Zitates: Siehe Nr. 37 und Anm.
Daß die Poeten und Hermeneuten immer noch tagen: Vom 3. bis 8. September 1979 fand das zehnte Kolloquium der Forschungsgruppe statt. Es wurde von Dieter Henrich und Wolfgang Iser unter dem Titel »Funktionen des Fiktiven« organisiert. Koselleck hatte zuletzt

drei Jahre zuvor am achten Kolloquium teilgenommen und hielt auch jetzt wieder einen Vortrag. Darüber hinaus organisierte er 1983 noch einmal mit Reinhart Herzog zusammen das zwölfte Kolloquium zum Thema »Epochenschwelle und Epochenbewußtsein«. Siehe Nr. 39. Vgl. das Nachwort der Herausgeber, S. 117-121.

Theorie der Geschichte / ähnliche Gruppe: Der Arbeitskreis »Theorie der Geschichte« traf sich von 1975 bis 1987 in der Werner Reimers Stiftung in Bad Homburg, ebenso wie die Forschungsgruppe »Poetik und Hermeneutik« und der Arbeitskreis für moderne Sozialgeschichte (siehe Nr. 20 mit Anm.), die ihm in mancher Hinsicht als Vorbild dienten. Als ständige Mitglieder der Kerngruppe wurden 1975 benannt: die Historiker Karl-Georg Faber, Jürgen Kocka, Reinhart Koselleck, Heinrich Lutz, Christian Meier, Wolfgang J. Mommsen, Thomas Nipperdey, Jörn Rüsen, Rudolf Vierhaus und die Philosophen Günther Patzig und Erhard Scheibe. Den Vorsitz hatte Vierhaus inne. Mehr oder weniger regelmäßige Gäste waren neben vielen anderen auch Hermann Lübbe und Hans Robert Jauß. Insgesamt erschienen sechs Tagungsbände.

Absage: Siehe Nr. 35.

[39] HERZOG UND KOSELLECK AN BLUMENBERG
BIELEFELD, JUNI 1982

Prof. Dr. Hans Blumenberg
Münster / Westf.

Reinhart Herzog
Reinhart Koselleck   Bielefeld, im Juni 1982

Sehr verehrter Herr Kollege,
wir möchten Sie zum zwölften Kolloquium der Forschungsgruppe Poetik und Hermeneutik einladen, für das die Gruppe das Thema »Epochenschwelle und Epochenbewußtsein« vorschlägt. Wenn sie hiermit zum erstenmal seit der Reichenauer Tagung von 1970 (»Geschichte und Ereignis«) zu einem ›historiographischen Thema‹ zurückzukehren scheint, so in der Überzeugung, daß dieser Rekurs tatsächlich eine retractatio von Phänomenen sein sollte, die uns alle, in unterschiedlichen Fragen und Disziplinen auftauchend, beschäftigen und nach einer Bündelung verlangen. Für einzelne Mitglieder der Gruppe steht seit langem dieses Thema im Zentrum ihrer Arbeit; Gesprächen mit Kollegen, die wir heute einladen können, haben wir entnommen, wie viele Interessen auf dieses Problem konvergieren. Welchen Umriß die Unterzeichneten nach diesen Gesprächen und eigener Reflexion dem Thema für unser Kolloquium zu geben vorschlagen, ersehen Sie aus der beigefügten Skizze. Uns scheint mit den Stichworten ›Epochenschwelle‹ und ›Paradigmenwechsel‹ auf den eigentümlichen Sachverhalt gedeutet zu sein, daß systematische Ansätze seit Blumenberg und Kuhn (und anderen) von der bekannten Departementalisierung auch der wissenschaftlichen Diskussion in einem Maße an einer gemeinsamen Klärung gehindert wurden, daß sich das bewährte Verfahren unserer Kolloquien, die Exemplifizierung an mehreren Epochenschwellen, nahelegt.

Eine Bilanz sollte unser Epochenthema jedenfalls ermöglichen; auch Bilanzen können ›Epoche machen‹.
Wir erlauben uns, den einzelnen Teilnehmern konkrete Vorschläge für ihre Beiträge zu machen. Aufgrund der Rückmeldung werden wir eine Themenliste erstellen, die wir Ihnen bis zum Oktober zusenden möchten. Als Termin des Kolloquiums selbst ist wiederum die letzte Septemberwoche 1983 (27.9.-2.10.) vorgesehen, als Ort Bad Homburg, wo wir wieder hoffen, die Gastlichkeit der Werner-Reimers-Stiftung in Anspruch nehmen zu dürfen, die dann auch die Reise- und Unterkunftskosten tragen wird.
Der äußere Ablauf wird dem bewährten Muster folgen: die Vorlagen werden entweder bis *Ende Mai*, spätestens aber bis *Ende August 1983* erbeten. Die Werner-Reimers-Stiftung übernimmt dann die Vervielfältigung und den Versand, so daß die Diskussion – ein unbedingtes Erfordernis – auf der Basis der als bekannt vorauszusetzenden Beiträge geführt werden kann.
Wir hoffen sehr auf Ihre Zusage und verbleiben mit den besten Empfehlungen

Ihre

Reinhart Herzog   gez. Reinhart Koselleck
Schwalbenweg 1   Stieghorster Straße 70
497 Bad Oeynhausen 11   480 Bielefeld 1
(05731) 92913   (0521) 2095-203

ÜBERLIEFERUNG O: Ts.; mit hs. Signatur über der getippten Unterschrift Herzogs und hs. »gez.« vor der getippten Unterschrift Kosellecks; DLA Marbach, Nachlaß Hans Blumenberg (im Konvolut »Briefe an ihn von Hans Robert Jauß«).

Prof. Dr. Hans Blumenberg. Münster/Westf.: Hs. Zusatz von Jauß.

Sehr verehrter Herr Kollege: Es handelt sich um den allgemeinen Einladungsbrief zum zwölften Kolloquium von »Poetik und Hermeneutik«, den die Veranstalter allerdings nicht direkt an Blumenberg schickten, sondern als Beilage eines Briefs von Hans Robert Jauß vom 21. Juni 1982. Jauß selbst schrieb dazu an Blumenberg: »Lieber Herr Blumenberg, die beiden federführenden Veranstalter von POETIK UND HERMENEUTIK XII haben mich gebeten, Ihnen die beiliegende Einladung zu übermitteln und dazu noch ein erläuterndes Wort zu schreiben. Dieses kann sich in der Sache wohl darauf beschränken, daran zu erinnern, daß wir alle – und seit den Fünfziger Jahren ein ganzer Kranz von Fächern – Ihnen einen neuen Zugang zum Problem von ›Epochenschwelle und Epochenbewußtsein‹ verdanken. Was läge näher, als dieser ›Vaterschaft‹ eingedenk Sie herzlich zu bitten, wieder einmal zu dem alten Kreis zu stoßen (der in diesem Fall um eine stärkere Gruppe von Historikern – auch der Wissenschaftsgeschichte – erweitert sein wird), in einer Rolle, die Sie dann selbst bestimmen könnten (die des legitimen oder illegitimen Vaters braucht es keineswegs zu sein).«
beigefügten Skizze: Siehe das Exposé zur Tagung in *Boden/Zill*, S. 505-511.
›Epochenschwelle‹ und ›Paradigmenwechsel‹ / Blumenberg und Kuhn: Anspielung auf Blumenbergs Werk *Die Legitimität der Neuzeit* (1966), dessen vierter Teil »Aspekte der Epochenschwelle« betitelt ist, und auf Thomas S. Kuhns Werk *The Structure of Scientific Revolutions* (1962), das die Begriffe »Paradigma« und »Paradigmawechsel« als zentrale Bestimmungen seiner Theorie wissenschaftlicher Entwicklung einführt. Die deutsche Übersetzung von Kuhns Buch erschien 1967 unter dem Titel *Die Struktur wissenschaftlicher Revolutionen* auf nachdrückliche Empfehlung von Blumenberg im Suhrkamp Verlag. Er legte jedoch großen Wert darauf, den Begriff des »Paradigmas« schon vor Kuhn in die Wissenschaftsgeschichte eingeführt zu haben, nämlich 1960 mit »Paradigmen zu einer Metaphorologie«. Vgl. Hans Blumenberg, »Beobachtungen an Metaphern«, in: *Archiv für Begriffsgeschichte* 15 (1971) H. 2, S. 161-214, Abschnitt »Paradigma, grammatisch«, S. 195-199, zum Teil auch separat in ders., *Wirklichkeiten in denen wir leben*, Stuttgart: Reclam 1981, S. 157-162.

[40] KOSELLECK AN BLUMENBERG
  O. O., O. D. [FRÜHJAHR/FRÜHSOMMER 1983]

Widmung in: Vorbilder – Bilder, gezeichnet von Reinhart Koselleck, eingeleitet von Max Imdahl, Privatdruck: Bielefeld 1983.

Für Hans Blumenberg – eines zum Nichtlesen

ÜBERLIEFERUNG O: Hs.; zitiert nach dem Titelblatt-Verzeichnis von Tobias Blumenberg im DLA Marbach.

[41] BLUMENBERG AN KOSELLECK
[ALTENBERGE,] 28. JUNI 1983

28.6.83

Herrn
Prof. Dr. Reinhart Koselleck
Bielefeld

Lieber Herr K o s e l l e c k ,
so viele alte Bekannte, deren Nachbilder wir inzwischen sein müßten, wenn es platonisch zuginge – mit Ihren Augen gesehen und ohne Bosheit. Haben Sie herzlichen Dank, daß Sie mich dieses Dokuments einer – mir ganz unbekannt gewesenen ›Seher‹ – Gabe teilhaftig werden ließen. Man bedauert, den eigenen Kopf mit ins Grab nehmen zu müssen, ohne je des Blicks des ›Meisters der Nebentätigkeit‹ gewürdigt zu sein. Es muß noch Umwege zur Unsterblichkeit geben, aber die Wegweiser sind sehr versteckt angebracht. Nicht ohne Betrübnis errechne ich viele Jahre, daß wir uns nicht sahen. Wahrscheinlich durch meine Schuld, denn ich fürchte und hüte mich vor den Organisationslustigen, deren Talente mich schon zu viel Lebenszeit gekostet haben. Ich sehe uns noch im »Frankfurter Hof« sitzen und mindestens eine Universität gründen. Für so viel Dilettantismus ist die Strafe noch relativ mild ausgefallen.
Haben Sie ein gutes siebtes Jahrzehnt (ich bin schon fast halb durch) und bleiben Sie gewogen
Ihrem
Hans Blumenberg

ÜBERLIEFERUNG K: TsD.; mit hs. Unterschrift Blumenbergs; DLA Marbach, Nachlaß Hans Blumenberg.

dieses Dokuments: Kosellecks *Vorbilder – Bilder;* siehe Nr. 40.
Wahrscheinlich durch meine Schuld: Blumenberg zog sich seit den 1970er Jahren mehr und mehr aus der Öffentlichkeit zurück, besuchte keine Tagungen mehr, nahm auch sonst nur noch wenige Einladungen an (wie z. B. die zur Verleihung des Sigmund-Freud-Preises für wissenschaftliche Prosa der Deutschen Akademie für Sprache und Dichtung 1980), unternahm nicht einmal mehr Urlaubsreisen. Nach seiner Emeritierung 1985 verließ er sein Haus in Altenberge kaum noch.
»Frankfurter Hof«: Gemeint ist die in Nr. 2 erwähnte erste Sitzung im Frankfurter Parkhotel.
ein gutes siebtes Jahrzehnt: Koselleck war am 23. April 1983 60 Jahre alt geworden.

[42] BLUMENBERG AN KOSELLECK
[ALTENBERGE,] O.D. [WOHL 1993]

Widmung in: Hans Blumenberg, »Lichtenbergs Paradox«, Sonderdruck aus: Akzente 39 (1992) H. 1, S. 4-18.

Dem, wie ich erfahren muss, so viel Jüngeren (doch nicht mehr lange) HB

ÜBERLIEFERUNG O: Hs.; DLA Marbach, Bibliothek Reinhart Koselleck.

»Lichtenbergs Paradox«: Der Sonderdruck weist durchgehend Anstreichungen von Koselleck auf.
doch nicht mehr lange: Am 23. April 1993 wurde Koselleck 70 Jahre alt.

[43] KOSELLECK AN BLUMENBERG
O. O., O. D. [WOHL 1993]

Widmung in: Reinhart Koselleck, »Feindbegriffe«, Sonderdruck aus: Deutsche Akademie für Sprache und Dichtung, Jahrbuch 1993, Göttingen: Wallstein 1993, S. 83-90.

Für Hans Blumenberg –
freundlich grüssend – RK

ÜBERLIEFERUNG O: Hs.; DLA Marbach, Bibliothek Hans Blumenberg.

»Feindbegriffe«: Der Sonderdruck zeigt keine Lesespuren; seine Leseliste führte Blumenberg zu dieser Zeit nicht mehr.

[44] KOSELLECK AN BLUMENBERG
O. O., MAI 1994

Widmung auf: Reinhart Koselleck, »Goethes unzeitgemäße Geschichte« (Vortragstyposkript)

Hans Blumenberg –
herzlich zugeeignet
von Reinhart Koselleck

ÜBERLIEFERUNG O: Hs.; DLA Marbach, Nachlaß Hans Blumenberg (im Konvolut »Materialsammlung Goethe«).

Mai 1994: Laut Eingangsvermerk von Blumenberg (»eing. 28.5. 94«).
»Goethes unzeitgemäße Geschichte«: Festvortrag, gehalten auf der 73. Hauptversammlung der Goethe-Gesellschaft in Weimar 1993, gedruckt zunächst im Goethe-Jahrbuch 110 (1993), S. 27-39, 1997 als selbständige Veröffentlichung im Manutius Verlag (Heidelberg), zuletzt in *Vom Sinn und Unsinn*, S. 286-305. In den Fußnoten 4 und 46 finden sich anerkennende Verweise auf Blumenbergs *Arbeit am Mythos*. Siehe dazu das Nachwort der Herausgeber, S. 170f.

Rüdiger Zill und Jan Eike Dunkhase

Von Gipfel zu Gipfel

In seinen anthropologischen Schriften prägte Hans Blumenberg den Begriff der »actio per distans«. Sein Grundgedanke lautet, daß der Mensch als schwaches und stets bedrohtes Wesen sich die Wirklichkeit vom Leib halten will und die Gefahren seiner Umwelt auf Distanz bringt, indem er eine Reihe von schlagkräftigen Instrumenten und nützlichen Praktiken erfindet. Dazu gehören Stein- und Speerwürfe, aber auch der Begriff, der »aus dem Handeln auf räumliche *und* zeitliche Entfernung entstanden«[1] ist. Zu den wichtigsten Kommunikationsmitteln intellektueller *actio per distans* zählte noch in der zweiten Hälfte des 20. Jahrhunderts der briefliche Austausch, der nicht nur den Raum etwa zwischen Bielefeld und Münster zu überbrücken vermochte, sondern es von seinem Habitus her auch erlaubte, zwischen Erhalt und Beantwortung einer Botschaft Tage, wenn nicht Wochen oder sogar Monate verstreichen zu lassen. Der Eindruck einer *actio per distans* verstärkt sich, wenn zwei etablierte Größen ihres jeweiligen Fachs wie der historisch orientierte Philosoph Hans Blumenberg und der philosophisch beschlagene Historiker Reinhart Koselleck miteinander korrespondieren, sich dabei ihrer Bedeutung ebenso gewiß sind wie ihrer grundsätzlichen, wenn auch kritischen Sympathie. Dann entstehen Gipfelgespräche.

Blumenberg selbst hat diese Metapher wiederholt benutzt. Sie diente zunächst als Titel eines Feuilletons in der *Neuen Zürcher Zeitung*, dann als Zwischenüberschrift in seinem Buch *Die Sorge geht über den Fluß*. Die erste Glosse, die unter diesem Titel entstand, ist später als »Auf der Alm« wiederab-

---

[1] Hans Blumenberg, *Theorie der Unbegrifflichkeit*, Frankfurt a.M.: Suhrkamp 2007, S. 11.

gedruckt worden und beginnt mit dem scheinbar paradoxalen Satz: »Bekannt ist, daß auf dem Gipfel des Monte Sacro am Lago d'Orta an einem Sommernachmittag des Jahres 1882 etwas geschah, was niemals bekannt wurde.«[2] Genau so lesen sich häufig auch Briefe, die im Archiv zu finden sind, nicht zuletzt einige von Blumenberg und Koselleck. Dabei entsteht in einem Fall wie diesem eher der Eindruck, es werde nicht *auf* einem Gipfel gesprochen, sondern von Gipfel *zu* Gipfel, einmal mehr also: über die Distanz hinweg. Daß man pausenlos verabredet, sich zu treffen, und dennoch selten dazu kommt, mag auf den ersten Blick der geschäftigen zeitlichen Überlastung geschuldet sein, gehört aber ebenso zu dem Gestus der Kommunikation auf Abstand. Dieser Gestus prägt viele Briefe von Gelehrten, zumal die von Blumenberg, der keinen seiner Kollegen duzte, diese Vertrautheit anzeigende Form des Umgangs nur für Familienmitglieder, Schulfreunde und allenfalls einige frühe Bekanntschaften aus der Studienzeit reservierte. Daher ist der Ton solcher Kollegenbriefe, wo er nicht ohnehin Organisatorisches oder Geschäftliches verhandelt, meist von druckreifer Reflektiertheit, eine Fortsetzung des Gesprächs, das mehr oder weniger offen auch durch Aufsätze geführt wird. Und so sind solche Aufsätze umgekehrt auch manchmal verdeckte Briefe. Kein Wunder, daß sie dann als Sonderdruck verschickt werden, gelegentlich sogar mit einer Widmung, die auf eine besonders wichtige, das heißt für den Adressaten einschlägige Stelle verweist. Auch der überlieferte Briefwechsel zwischen Blumenberg und Koselleck beginnt ganz unspektakulär mit der Übersendung solcher persönlich gewidmeten Sonderdrucke.

Die ersten Briefe im eigentlichen Sinne sind hingegen vor

---

2 Hans Blumenberg, »Auf der Alm«, in: ders., *Die Sorge geht über den Fluß*, Frankfurt a. M.: Suhrkamp 1987, S. 179 (ursprünglich als »Teufel und Engel untereinander« in: *Neue Zürcher Zeitung*, 2. Juli 1987, S. 25).

allem organisatorischer Natur, denn das war es, was beide zunächst vordergründig zusammenführte: die reformerische Aufbruchsstimmung und Planungseuphorie, von der die bundesrepublikanischen Hochschulen in den auch in dieser Hinsicht so ereignis- und richtungsweisenden 1960er Jahren erfaßt wurden. Die Bildungsreform versuchte sowohl in den Schulen als auch an den Universitäten eine materielle und intellektuelle Infrastruktur zu schaffen, die dem gewachsenen Bedarf an entsprechend qualifizierten Fachkräften in Wirtschaft und Verwaltung gerecht werden sollte. Gleichzeitig war die größere Verbreitung höherer Bildung auch eine zentrale Forderung an die junge Demokratie. Die Hochschulen sollten also nicht nur die Bevorzugung einer kleinen Elite bei der Ausbildung überwinden, sondern auch die Mitwirkungsmöglichkeiten in der Gesellschaft überhaupt erhöhen.

In diesem Rahmen kam es zu einer Reihe von prestigeträchtigen universitären Neugründungen, darunter in Konstanz, Bochum und Bielefeld. Aber auch die bestehenden Universitäten veränderten sich. Zu ihnen zählte die Justus-Liebig-Universität in Gießen. Ihr ursprünglicher Name, Ludoviciana, deutet auf eine traditionsreiche Institution hin – und in der Tat wurde sie schon 1607 als »Hohe Schule« von Ludwig V., Landgraf von Hessen-Darmstadt, gegründet –, allerdings tat sie in der Zeit des Nationalsozialismus einiges, um ihr Renommee durch eine intensive Kooperation mit den neuen Machthabern zu zerstören. Nach 1945 stutzte die US-Militärregierung sie radikal auf eine »Hochschule für Bodenkultur und Veterinärmedizin« herunter. Bei dieser Gelegenheit entfeudalisierte man sie auch gleich und strich den Landgrafen aus dem Namen. Neuer Namensgeber wurde passenderweise der Chemiker Justus Liebig, der in den 1840er Jahren als Professor in Gießen die Agrochemie begründet hatte. Ende der 1950er Jahre beschloß das hessische Kultusministerium allerdings, die Hochschule wieder zu einer Volluniversität auszubauen. Das beinhaltete nicht zuletzt die Einrichtung einer Reihe von geisteswissenschaftlichen Lehrstühlen. Zu den ersten Berufungen gehörten neben Blumenberg auch der Germanist Clemens Heselhaus und der Romanist Hans Robert Jauß. Gemeinsam mit dem Kölner Anglisten Wolfgang Iser gründeten die drei Professoren bald die einflußreiche Forschungsgruppe »Poetik und Hermeneutik«, die einer von den neuen Fachbereichsstrukturen beförderten akademischen Departementalisierung das Arbeitsprinzip der »Interdisziplinarität« entgegensetzen sollte.

In diesem Kontext sind sich Hans Blumenberg und Reinhart Koselleck allem Anschein nach zum ersten Mal begegnet. Koselleck, ein Heidelberger Studienfreund von Jauß, wurde durch dessen Vermittlung zum ersten Kolloquium der Gruppe, das im September 1963 in Gießen stattfand, eingeladen. Die interdisziplinäre Diskussion im Rahmen von »Poetik und Hermeneutik« und die Bildungspolitik waren die beiden Felder, auf denen sich Blumenberg und Koselleck in den nächsten Jahren immer wieder trafen, häufig kooperierten und dabei nicht selten an einem Strang zogen.

Es mag überraschen, daß sie sich nicht schon 1962 auf dem Siebten Deutschen Kongreß für Philosophie in Münster begegnet waren, wo Blumenberg jenen Vortrag »›Säkularisation‹ – Kritik einer Kategorie historischer Illegitimität« hielt, mit dem er vier Jahre später sein erstes großes Buch, *Die Legitimität der Neuzeit*, eröffnete. Das Themenfeld der Säkularisierung gehörte auch für Koselleck, den Schüler von Carl Schmitt und Karl Löwith, spätestens seit seiner Dissertation *Kritik und Krise* von 1954 zum Kernbereich seines Geschichtsdenkens. In Münster hätten Blumenberg und Koselleck ihre gemeinsamen theoretischen Interessen entdecken können, um sich in der Folge über das – neben der interdisziplinären Forschung und der Bildungspolitik – dritte große Thema, das sie verband und das dann auch ihre Korrespondenz prägte, auszutauschen.[3]

---

3 Zu dieser frühen Übereinstimmung der Themen und der Entwicklung

Allerdings konnte Koselleck, wie er seinen Freund Jauß, ebenfalls ein Redner bei diesem Kongreß, wissen ließ, die Zeit für eine Reise nach Münster nicht erübrigen, da er mit aller Kraft an der Fertigstellung seiner Habilitation arbeiten mußte.[4] Es dauerte letztlich noch drei weitere Jahre, bis Koselleck seine Habilitationsschrift einreichte, was ihn jedoch nicht davon abhielt, wenigstens am ersten Treffen von »Poetik und Hermeneutik« teilzunehmen.

»… in keinem angemessenen Verhältnis zum wissenschaftlichen Ertrag«. Vom Nutzen und Nachteil der Interdisziplinarität

Auch 1963 in Gießen scheint allerdings kein intensiveres Gespräch zwischen Blumenberg und Koselleck stattgefunden zu haben, zumindest sind keine Spuren davon erhalten. In der Publikation der ersten »Poetik und Hermeneutik«-Tagung sind von Koselleck zwar Diskussionsbeiträge zu den Vorlagen von Werner Krauss und Wolfgang Iser überliefert,[5] nicht aber zu Blumenbergs Beitrag. Blumenberg führte darin die für ihn später zentrale Konzeption der vier Wirklichkeitsbegriffe vor.[6]

---

der Geschichtsphilosophie bei Blumenberg und Koselleck siehe Falko Schmieder, »Absolutismus der Wirklichkeit. Zum Verständnis moderner Geschichte bei Hans Blumenberg und Reinhart Koselleck«, in: Anne Gräfe und Johannes Menzel (Hg.), *Un/Ordnungen Denken. Beiträge zu den Historischen Kulturwissenschaften*, Berlin: Verlag für Berlin-Brandenburg 2017, S. 58-77.
4 Vgl. Hans Robert Jauß an Reinhart Koselleck, 2. Oktober 1962 (DLA Marbach, Nachlaß Jauß).
5 Vgl. Hans Robert Jauß (Hg.), *Nachahmung und Illusion* (Poetik und Hermeneutik I), München: Eidos 1964, S. 190 f., 193 f., 233 f.
6 Für Blumenberg ist jede große historische Epoche durch ein besonderes Verständnis von Wirklichkeit und Wahrheit geprägt: die Antike durch das einer »momentanen Evidenz«, bei der die Wahrheit sich dem Weltbetrachter von selbst aufdrängt, das Mittelalter von der Idee einer »garantierten Realität«, bei der eine dritte Instanz, nämlich Gott,

Obwohl dies schon in früheren Vorträgen geschehen war,[7] stellte sein Beitrag für das Initialkolloquium der Forschungsgruppe die erste publizierte Fassung dar. Dementsprechend wurde er auch zum Bezugspunkt einer breitgefächerten Diskussion. Jauß, der Herausgeber des Bandes, hielt ihn sogar für so bedeutend, daß er den erst in der sechsten Sitzung der Tagung diskutierten Beitrag in der Publikation an die erste Stelle rückte.[8]

die Übereinstimmung von Welt und Idee im Erkenntnisakt garantiert, die Neuzeit schließlich kann sich solch eine Übereinstimmung nur als »Resultat einer Realisierung« durch die Menschen vorstellen: Erkenntnis gewinnt Arbeitscharakter. Parallel dazu entsteht in der Neuzeit noch ein vierter Wirklichkeitsbegriff, der sich an der Erfahrung des Widerstands orientiert. Realität erscheint nun als »das dem Subjekt nicht Gefügige«. Die älteren Wirklichkeitsbegriffe werden dabei nicht einfach abgelöst, sondern überdauern zum Teil auch noch in späteren Epochen. Vgl. Hans Blumenberg, »Wirklichkeitsbegriff und Möglichkeit des Romans«, in: Jauß (Hg.), *Nachahmung und Illusion*, S. 9-27, jetzt auch in: Hans Blumenberg, *Ästhetische und metaphorologische Schriften*, hg. v. Anselm Haverkamp, Frankfurt a.M.: Suhrkamp 2001, S. 47-73, hier S. 49-54.
7 Vgl. den Vortrag »Antiker und neuzeitlicher Wirklichkeitsbegriff«, den Blumenberg in diesen Jahren mehrmals hielt, etwa am 8. Februar 1961 in Hamburg, am 11. Dezember 1961 in Münster und am 9. Juli 1962 in Berlin. Im Nachlaß sind verschiedene Manuskriptfassungen mit der Sigle ANW überliefert.
8 Die Frühgeschichte von »Poetik und Hermeneutik« ist inzwischen recht gut erforscht. Vgl. nur Julia Amslinger, *Eine neue Form der Akademie. Poetik und Hermeneutik – Die Anfänge*, Paderborn: Fink 2017; Petra Boden, »Vom Protokoll zum idealen Gespräch. Einblick in die Werkstatt von ›Poetik und Hermeneutik‹«, in: *Zeitschrift für Germanistik* 2 (2013), S. 359-373; dies., »›Heidelberger Zement‹ – Oder: Die Mischung macht's. Der innere Kreis von ›Poetik und Hermeneutik‹«, in: *Scientia Poetica* 2020, S. 433-456; dies. und Rüdiger Zill (Hg.), Poetik und Hermeneutik *im Rückblick. Interviews mit Beteiligten*, Paderborn: Fink 2017 (hier abgek.: *Boden/Zill*); Rüdiger Zill, *Der absolute Leser. Hans Blumenberg – Eine intellektuelle Biographie*, Berlin: Suhrkamp 2020, S. 261-282, 307-315, sowie die Beiträge im Schwerpunkt »Poetik und Hermeneutik« in *IASL* 35 (2010), H. 1/2, S. 46-157.

Koselleck nahm zwar am zweiten Treffen im Schloß Auel in Köln nicht teil, ab dem dritten aber vorerst regelmäßig. Dabei ist ein seltsames gegenseitiges Schweigen zu bemerken, denn so ausgeprägt die Kommentarkultur des Kreises sonst auch war – zwischen Blumenberg und Koselleck kam es zu keinem argumentativen Schlagabtausch. Für das dritte Kolloquium schrieb Blumenberg selbst keine Vorlage, und Kosellecks Beitrag, »Der Zufall als Motivationsrest in der Geschichtsschreibung«,[9] löste nach seiner Vorstellung durch Wolf-Dieter Stempel Reaktionen bei Jauß, Wolfgang Preisendanz und Jacob Taubes aus, nicht aber bei Blumenberg, von dem in der gesamten Sitzung (in der auch die Vorlagen von Siegfried Kracauer und Christian Meier verhandelt wurden) kein einziger Kommentar überliefert ist. In kaum einer der anderen Sitzungen zeigte er solch eine Zurückhaltung.

Für das vierte Kolloquium, »Realität mythischer Späthorizonte«,[10] verfaßte Blumenberg wieder eine Vorlage, jenen Text, der später als »Wirklichkeitsbegriff und Wirkungspotential des Mythos« publiziert wurde. Doch während er eine lebhafte Resonanz bei vielen der Anwesenden erfuhr, hat Koselleck wiederum kein Wort zu ihm verloren. Solch ein Wort hätte das Ohr seines wichtigsten Adressaten auch nicht gefunden, denn Blumenberg hatte sich krank gemeldet, glänzte also im westfälischen Schloß Rheda, wo die Gruppe tagte, durch Abwesenheit.[11] Nach der verdeckten Absage – viele Teilnehmer

---

9 Vgl. Reinhart Koselleck, »Der Zufall als Motivationsrest in der Geschichtsschreibung«, in: Hans Robert Jauß (Hg.), *Die nicht mehr schönen Künste. Grenzphänomene des Ästhetischen* (Poetik und Hermeneutik III), München: Fink 1968, S. 129-141, wieder in: *Vergangene Zukunft*, S. 158-175.
10 Publiziert als Manfred Fuhrmann (Hg.), *Terror und Spiel. Probleme der Mythenrezeption* (Poetik und Hermeneutik IV), München: Fink 1971.
11 Kosellecks inhaltliche Zurückhaltung war dabei wahrscheinlich nicht persönlich gemeint. So hielt er sich bei dem Treffen insgesamt sehr zurück, gab nur bei der achten Diskussion, die sich mit den Vor-

glaubten ihm die Krankmeldung nicht so recht[12] – sagte er für die nächsten beiden Kolloquien erst gar nicht zu. Nur für das siebte machte er noch einmal eine Ausnahme, ein letztes Mal, denn hier kam es zu einem Eklat, einem heftigen Dissens vor allem mit Harald Weinrich,[13] der dazu führte, daß Blumenberg sich endgültig von der Gruppe verabschiedete. Sicher war Weinrich bei dieser Gelegenheit einer der Hauptkontrahenten, aber Blumenberg fühlte sich auch von vielen anderen mißverstanden. Koselleck gehörte allerdings nicht zu ihnen, schon deswegen nicht, weil er diesmal nicht unter den Zuhörern war.[14]

Die gemeinsamen Jahre bei »Poetik und Hermeneutik« wirken alles in allem wie die Zeit eines verpaßten Gesprächs. An einem gegenseitigen Desinteresse kann das kaum gelegen haben. Im Gegenteil: Blumenberg und Koselleck verfolgten die Arbeit des jeweils anderen aufmerksam, wie sich auch an ihrer Korrespondenz ablesen läßt. So lag Koselleck – ebenso wie seinem Mitveranstalter Wolf-Dieter Stempel – viel an Blumenbergs Zusage, als sie das fünfte Kolloquium, »Geschichten und Geschichte«, organisierten.[15] Daß sein Drängen erfolg-

---

lagen von Harald Weinrich und seinem Studienfreund Gerhard Hergt befaßte, einen Kommentar ab, und das vermutlich, weil er sich verpflichtet hatte, bei dieser Diskussion Vorsitz und Einleitung zu übernehmen.

12 Vgl. Ferdinand Fellmann, »›Die Erschließung der menschlichen Lebenswelt im Medium der Literatur‹«, in: *Boden/Zill*, S. 118.
13 Vgl. Oliver Müller, »Subtile Stiche. Hans Blumenberg und die Forschungsgruppe ›Poetik und Hermeneutik‹«, in: Ralf Klausnitzer und Carlos Spoerhase (Hg.), *Kontroversen in der Literaturtheorie/Literaturtheorie in der Kontroverse*, Publikationen zur *Zeitschrift für Germanistik* (NF, Bd. 17), Bern u. a.: Lang 2007, S. 249-264, hier v. a. 262-264, und Zill, *Der absolute Leser*, S. 307-315.
14 Das war – wie erwähnt – in diesen Jahren eine Ausnahme, da er bis dahin kein Treffen außer dem dritten verpaßt hatte. Für das achte Kolloquium schrieb er dann auch wieder eine Vorlage, beim zehnten hielt er seinen Beitrag wohl frei. Beim zwölften Kolloquium, das unter dem für ihn einschlägigen Thema »Epochenschwelle und Epochenbewußtsein« stand, war er sogar noch einmal Mitorganisator.
15 Siehe oben, Brief Nr. 10 und Nr. 15.

los blieb, wird nicht am Thema und nicht an ihm selbst gelegen haben, sondern vor allem an der Gesamtsituation der Gruppe.

Beim dritten Kolloquium war es 1966 zu einem nachhaltigen Streit zwischen Blumenberg, Iser und Jauß auf der einen Seite und dem Mitorganisator Clemens Heselhaus auf der anderen gekommen. Jauß hatte inzwischen einen Ruf nach Konstanz erhalten, Blumenberg war nach Bochum gewechselt, und gemeinsam wollten sie die Gesamtverantwortung für die Forschungsgruppe mitnehmen. Der in Gießen verbliebene Heselhaus bestand hingegen darauf, daß das Projekt und damit auch die dafür eingeworbenen Gelder an den Ursprungsort gebunden seien. In einer heftigen Diskussion, die später intern als »Die Nacht von Lindau« in Erinnerung blieb, verstritten sich die beiden Parteien so sehr, daß an eine weitere Zusammenarbeit nicht mehr zu denken war. Heselhaus wurde gedrängt, die Gruppe zu verlassen. Gleichzeitig nahm nicht nur die Zahl der Teilnehmer zu, auch die Arbeit für die organisatorische und inhaltliche Vorbereitung der Sitzungen und die Redaktion der Publikationen potenzierte sich, so daß es vor allem Iser und Jauß dringlich erschien, die auf drei Mitglieder geschrumpfte Kerngruppe deutlich zu erweitern und einen Redaktionskreis von zwölf Personen zu bilden. In diesem Zusammenhang kam es zu dem Brief, den Iser Ende Oktober 1969 im Namen der bisherigen Verantwortlichen an den Altphilologen Manfred Fuhrmann, den Philosophen Dieter Henrich, den Kunsthistoriker Max Imdahl, den Germanisten Wolfgang Preisendanz, den Romanisten Wolf-Dieter Stempel, den Slawisten Jurij Striedter, den Judaisten und Religionsphilosophen Jacob Taubes, den Romanisten Harald Weinrich und auch an Koselleck schrieb; Blumenberg, Iser und Jauß standen selbst mit im Verteiler. Den Adressaten wurde »als den ständigen Mitgliedern der Gruppe« mitgeteilt, daß der bisherige Organisatorenstamm »nach der Leitung von vier Kolloquien seine initiierende Aufgabe nunmehr als erfüllt« ansehe; die Aktivitäten der Gruppe sollten daher »auch organisatorisch auf ein breiteres Fundament gestellt« und die weiteren Tagungen jeweils durch eine Arbeitsgruppe geplant werden. Die Empfänger des Briefs wurden um ihr Einverständnis gebeten, diese Aufgaben in Zukunft zu übernehmen und als feste Mitglieder der Forschungsgruppe in den Bänden zu erscheinen.[16]

Keiner der Angeschriebenen lehnte die Bitte ab; der gleichzeitig als Sender wie als Empfänger firmierende Blumenberg fühlte sich jedoch nicht verantwortlich für den Inhalt des Rundschreibens und nahm es zum Anlaß, seinen Einstieg in den Ausstieg zu proben. Seinen Kollegen Jauß, der inzwischen zum eigentlichen Motor der Gruppe geworden war, hatte er bereits im Sommer 1967 wissen lassen, daß er die Mitarbeit weitestgehend reduzieren wolle.[17] Die Gründe, die er dabei angegeben hatte, waren schon in etwa die, die er vier Jahre später Koselleck gegenüber nannte: die universitäre Arbeitsbelastung, der gemessen am Ertrag zu große Aufwand für die Treffen und erst recht für die Publikationen sowie die Marginalität der Themen für seine eigenen Arbeitsgebiete.[18] Zunächst zog er sich nur aus der Hauptverantwortlichkeit für das vierte Kolloquium zurück – zu der er sich gemeinsam mit Manfred Fuhrmann verpflichtet hatte –, schließlich aber mehr und mehr auch aus den programmatischen Aktivitäten der Gruppe insgesamt.

Blumenbergs schleichende Abkehr von der Forschungsgruppe, die er einst unter großem Einsatz von Zeit und Energie mitbegründet hatte, war Ausdruck einer allgemeineren Unzufriedenheit mit interdisziplinärer Arbeit und leitete dann auch eine generelle Umorientierung ein. Dabei war Interdisziplinarität ursprünglich ein zentrales Element seiner intellektuellen

---

16 Wolfgang Iser an div. Empfänger, 28. Oktober 1969 (DLA Marbach, Nachlaß Blumenberg).
17 Ausführlicher dazu: Zill, *Der absolute Leser*, S. 270-281.
18 Blumenberg an Jauß, 19. August 1967 (DLA Marbach, Nachlaß Blumenberg). Vgl. oben, Brief Nr. 21.

Entwicklung gewesen. Nicht nur seine Lektüren gingen schon seit seiner Jugend weit über die Probleme seines Fachs hinaus (wie sich seinen von 1942 bis 1986 durchgehend geführten Leselisten entnehmen läßt), auch seine Produktion war von dieser Art der Grenzüberschreitung geprägt. In Blumenbergs formativen Jahren bis zum ersten Ruf auf eine ordentliche Professur erschien der überwiegende Teil seiner akademischen Publikationen in der Zeitschrift *Studium Generale*, die sich im Untertitel *Zeitschrift für die Einheit der Wissenschaften im Zusammenhang ihrer Begriffsbildungen und Forschungsmethoden* nannte.[19] Sein Renommee gründete in diesen Jahren also nicht auf Publikationen in Fachjournalen, sondern auf Beiträgen in einer Zeitschrift, die sich an ein breiteres Publikum mit allgemeinen wissenschaftlichen Interessen wandte. Aufgrund dieser Aufsätze erhielt er 1958 auch seinen ersten universitären Ruf auf eine außerordentliche Professur in Hamburg. Und auch noch die nächsten Karriereschritte, der Wechsel auf eine ordentliche Professur in Gießen 1960 und schließlich der nach Bochum 1965, waren vor diesem Hintergrund und selbst ohne eine Buchpublikation möglich.

Die Aufsätze in *Studium Generale* standen allerdings für eine reduzierte Interdisziplinarität, denn das Gespräch zwischen den Fächern war hier vor allem eine Buchbindersynthese. Es mußte sich für die Leser während der Lektüre ergeben, als ein gedanklicher Übersprung zwischen Artikeln verschie-

---

19 Die Zeitschrift wurde 1947 unter federführender Beteiligung u. a. von Karl Jaspers und dem Juristen Hans Peters von dem Verleger Ferdinand Springer in Heidelberg gegründet und erschien bis 1971 mit in der Regel zehn Heften pro Jahr. Bis 1965 war der Jaspers-Schüler Manfred Thiel der inhaltlich prägende, aber sehr schnell umstrittene Chefredakteur. Eine Zeitlang kamen wichtige planerische Impulse für die Zeitschrift auch von Hans Blumenberg. Vgl. Rüdiger Zill, »Interdisziplinarität oder Einheit der Wissenschaften? Zur Geschichte der Zeitschrift *Studium Generale* unter besonderer Berücksichtigung eines ihrer prominentesten Leser«, in: *Scientia Poetica* 2022, S. 307-338.

dener Wissenschaften, die sich auf ein gemeinsames Thema bezogen. Zwar war von seiten der Redaktion vorgesehen, daß andere Beiträge in späteren Heften ausdrücklich auf einzelne Veröffentlichungen Bezug nehmen sollten, aber dies blieb die Ausnahme.

Daß Blumenberg sich 1960 von dem wichtigsten Medium seiner philosophischen und wissenschaftshistorischen Untersuchungen verabschiedete, hatte rein äußerlich zufällige, nicht zwischenfachliche, sondern zwischenmenschliche Gründe: Er überwarf sich mit dem Schriftleiter Manfred Thiel, der die von ihm de facto im Alleingang herausgegebene Zeitschrift dafür mißbrauchte, eine Privatfehde mit Hans-Georg Gadamer zu führen, für die er auch Blumenberg zu instrumentalisieren versuchte. Aber dies war nur der Anlaß, die Ursache für die Aufkündigung der Mitarbeit am *Studium Generale* lag tiefer. Als einige Jahre später im Rahmen der Suhrkamp-Reihe *Theorie*, zu deren Herausgebern er neben Jürgen Habermas, Dieter Henrich und Jacob Taubes gehörte, die Idee einer wissenschaftlichen Zeitschrift oder eines Jahrbuchs aufkam, riet Blumenberg dem Verleger Siegfried Unseld vor dem Hintergrund seiner Erfahrungen mit *Studium Generale* vehement (und erfolgreich) ab.[20] Interdisziplinarität, so sein Hauptargument, brauche eine stärkere Basis und weniger Zeitdruck, als ein unter regelmäßigem Erscheinungszwang stehendes Periodikum gewährleisten könne. Das Modell für seine Überlegungen war zu dieser Zeit die gerade erst gegründete Forschungsgruppe »Poetik und Hermeneutik«, in der es anders als in Zeitschriften zu echten Gesprächen kommen sollte. Im Hintergrund stand aber auch die leicht verklärte Erfahrung seiner Zeit als Assistent und Diätendozent in Kiel, wo sich der Austausch zwischen Kollegen unterschiedlicher Fakultäten allein schon wegen der überschaubaren Größe der Universität problemlos ergeben hatte.

---

20 Vgl. Hans Blumenberg an Siegfried Unseld, 4. Oktober 1965 (DLA Marbach, Nachlaß Blumenberg).

»Poetik und Hermeneutik« sollte also die Mängel von *Studium Generale* überwinden und die Vorzüge des kleinen Kreises in Kiel überregional verstetigen. Das war für Blumenberg auch insofern an der Zeit, als es in Gießen zu seinen expliziten Aufgaben gehörte, das Institut zu erweitern und darüber hinaus am Umbau der bundesdeutschen Bildungs- und Forschungslandschaft mitzuwirken. Diese Umgestaltung nahm nun sehr schnell eine Dynamik an, die zu einer bürokratischen Vervielfältigung der Arbeit führte – eine Erfahrung, die bei Blumenberg bald ein generelles Unbehagen an der neuen Universität hinterließ und insbesondere eine fundamentale Enttäuschung über die Möglichkeiten interdisziplinärer Forschung. Diese Enttäuschung prägt auch seine Korrespondenz mit Koselleck.[21] Der etwas Jüngere hingegen, der auf der Karriereleiter noch nicht ganz so weit emporgestiegen war, verhielt sich in dieser Hinsicht zunächst noch pragmatischer, teilte aber dann – glaubt man seinen Briefen – die Einschätzung des älteren Kollegen.

»Ornamentale Funktionen liegen mir nicht«.
Blumenbergs Kampf für die Wissenschaftsgeschichte

Die Gemeinsamkeit eines verdunkelten akademischen Erwartungshorizonts war auch durch einen weiteren geteilten Erfahrungsraum bedingt, der sich zu jener Zeit innerhalb der nordrhein-westfälischen Universitätslandschaft herausbildete. Bei Blumenberg kündigte sich das schon in seinen Gießener Jah-

---

21 Auf diesen Aspekt hin hat zuerst Annette Vowinckel den Briefwechsel gelesen, vgl. »›Ich fürchte mich vor den Organisationslustigen‹. Ein Dialog zwischen Hans Blumenberg und Reinhart Koselleck«, in: *Merkur* 781 (2014), S. 546-550, im Anschluß daran auch Markus Rieger-Ladich, »Schmutzige Wissenschaft. Blumenberg, Koselleck und die Idee der Interdisziplinarität«, in: *Zeitschrift für Ideengeschichte* X (2016), S. 93-100.

ren an. Zum Ausbau der Geisteswissenschaften in der reorganisierten Volluniversität gehörte unter anderem auch die Besetzung einer zweiten Professur für das Fach Philosophie, für die er am liebsten Hermann Lübbe, seinen unmittelbaren Diskussionspartner auf dem Münsteraner Kongreß von 1962 und auch gerngesehenen Gast bei den Treffen von »Poetik und Hermeneutik«, gewonnen hätte. Als dies mißlang, weil Lübbe einen Ruf an die neu gegründete Universität Bochum annahm, entschied man sich in Gießen für Odo Marquard, ebenfalls bald ein treues Mitglied der Forschungsgruppe. Blumenberg selbst war inzwischen allerdings bereits mit der Planung seines nächsten Karriereschritts beschäftigt. Dafür hatte er zunächst Konstanz im Auge, denn dort saß an einer einflußreichen Stelle in der Planungskommission Gerhard Hess, der Doktorvater von Hans Robert Jauß. Mit dessen Hilfe plante Jauß selbst nach Konstanz zu gehen und dorthin die Kollegen von »Poetik und Hermeneutik« nachzuziehen. In diesem Zusammenhang schrieb er ein konzeptionelles Papier, das Blumenberg mit großem Engagement und viel Sorgfalt kommentierte.[22]

Für sich selbst und einige andere – Fuhrmann, Iser, Preisendanz, Stempel und Striedter – war Jauß auch erfolgreich, ausgerechnet für Blumenberg und Koselleck allerdings nicht. Blumenberg bekam Gegenwind von Ralf Dahrendorf, dem anderen einflußreichen Mitglied der Planungskommission, Koselleck verhandelte zwar mit Konstanz, entschied sich dann aber doch dagegen.[23]

Erfolgversprechender schien sowohl Blumenberg als auch

22 Vgl. Hans Robert Jauß, »Überlegungen zu dem Beispiel einer neuen Hochschule (›Konstanzer Modell‹) in den ›Anregungen des Wissenschaftsrates zur Gestaltung neuer Hochschulen‹« vom 30. Dezember 1963 (DLA Marbach, Nachlaß Jauß), Hans Blumenberg, »Erwägungen zum ›Konstanzer Modell‹ in bezug auf die Überlegungen von Prof. Dr. H. R. Jauß«, undat. Typoskript (1964) (DLA Marbach, Nachlaß Blumenberg).
23 Vgl. u. a. Hans Robert Jauß an Reinhart Koselleck, 22. April 1966 (DLA Marbach, Nachlaß Jauß).

Koselleck ein Wechsel nach Nordrhein-Westfalen. Eine Option bildete dabei die geplante Universität Ostwestfalen, für die aber noch nicht einmal ein Standort beschlossen war. Weiter war man hingegen in Bochum, wo beide bald Professuren übernahmen. Bei der Besetzung der Philosophie-Lehrstühle war hier ausgerechnet Hermann Lübbe die treibende Kraft. Und so wie Blumenberg ihn zuvor gern nach Gießen geholt hätte, wollte Lübbe den Kollegen nun für Bochum gewinnen. Dafür konnte er nicht nur eine äußerst großzügige Ausstattung versprechen,[24] sondern auch Einfluß auf die strukturelle Entwicklung des Fachs sowohl in Bochum als auch im gesamten Bundesland.

Blumenbergs Hauptinteresse war zu dieser Zeit die Wissenschaftsgeschichte. Seit Jahren arbeitete er intensiv an dem Buch, das 1967 unter dem Titel *Die Legitimität der Neuzeit* erscheinen sollte, und auch an einem Nachfolgewerk, *Die Genesis der kopernikanischen Welt*, dem 1975 publizierten Meilenstein in der Geistesgeschichte der Physik und Astronomie. Daher war Blumenberg auch an einer stärkeren Etablierung der Wissenschaftsgeschichte als Forschungsfeld gelegen. So konnte ihm Lübbe nicht nur selbst eine Professur mit dieser Denomination versprechen, sondern auch die Gründung eines Schwerpunkts mit weiteren Lehrstühlen, wobei noch offenblieb, bei welchem Fach dieser angesiedelt sein würde. Fünf Professuren stünden für die Wissenschaftsgeschichte zur Verfügung, versprach Lübbe im Februar 1965, mußte drei Monate später aber korrigieren und mitteilen, der Gründungsausschuß habe doch nur vier empfohlen.[25]

---

24 Vgl. Hermann Lübbe an Hans Blumenberg, 24. Februar 1965 (DLA Marbach, Nachlaß Blumenberg): »Bochum wird Ihrer Arbeit einen materiellen, institutionellen Rahmen bieten können wie gegenwärtig keine andere Universität. Es sind, in Beziehung auf Bibliothek und Mitarbeiter, keine Wünsche denkbar, die nicht erfüllt werden könnten [...]«.
25 Ebd. So sahen es auch schon die vom Kultusministerium des Landes Nordrhein-Westfalen veröffentlichten »Empfehlungen zum Auf-

Die Wissenschaftsgeschichte war nur ein Punkt bei Blumenbergs Verhandlungen, aber doch ein wichtiger. Hinzu kam, daß er sich vom Ministerium bei der Planung der zukünftigen Universität in Ostwestfalen brüskiert fühlte: Statt, wie angenommen, im Gründungsausschuß, fand er sich lediglich als Mitglied des Wissenschaftlichen Beirats wieder. Blumenberg monierte das nicht nur aus Gründen verletzter Eitelkeit, er fürchtete auch, daß diese Herabstufung seiner Durchsetzungskraft für die neue Wissenschaftsgeschichte schaden würde. So schrieb er Hermann Lübbe im August 1965 zum Stand seiner Berufungsverhandlungen und merkte an:

> Sorge macht mir die Etablierung der Wissenschaftsgeschichte im vorgeschlagenen Rahmen. Versehentlich ist in der Vereinbarung nur von einem vorgesehenen Lehrstuhl für »Geschichte der Philosophie« die Rede (oder sollte der Plan »Wissenschaftsgeschichte« fallengelassen worden sein?). Aber abgesehen von der gewünschten Erweiterung des Gründungsprogramms um 1 Lehrstuhl für Geschichte der Geisteswissenschaften, der nicht erwähnt wird, ist auch der Finanzrahmen hier rigoros gekürzt (von DM 250.000.– für 5 Jahre auf DM 80.000.– für 2 Jahre). Nun zögere ich, diesen Punkt in den Vordergrund zu spielen, und zwar wegen der Ihnen vertrauten Zweifel, ob Bochum als künftige Großuniversität überhaupt der richtige Ort für den Plan Wissenschaftsgeschichte sei. Hier lagen meine Erwartungen für die Mitwirkung bei Ostwestfalen.[26]

Es schien also noch gar nicht entschieden, ob die ehrgeizigen die Wissenschaftsgeschichte betreffenden Pläne überhaupt in Bochum realisiert werden sollten oder nicht doch eher in der zweiten, erst noch zu gründenden Reformuniversität. Deshalb wollte Blumenberg unbedingt auch hier entscheidende Einfluß-

---

bau der Universität Bochum. Denkschrift des Gründungsausschusses« von 1962 vor.
26 Hans Blumenberg an Hermann Lübbe, 31. August 1965 (DLA Marbach, Nachlaß Blumenberg).

möglichkeiten behalten, sah sich aber wiederum enttäuscht: »[I]ch sehe aus dem neuesten Konzept für das Gründungsgremium, daß ich zum zweiten Mal vor der Erfahrung des abgeschobenen ›Gründers‹ stehe.« Blumenbergs Klage spielt darauf an, daß er schon bei der Planung der Universität Konstanz nicht zum Zuge gekommen war. Weiter heißt es dann:

> Mitgliedschaft im »Beirat«, wo die abstrakten und praxisfernen Dinge diskutiert werden dürften, ist für mich wenig attraktiv und bietet mir nicht die »Verlängerung« des Bochumer Aspekts, die mir für das Projekt »Wissenschaftsgeschichte« Realisierbarkeit in dem mir vorschwebenden Sinn aussichtsreich erscheinen ließe. Ornamentale Funktionen liegen mir nicht, und mir wird allmählich die Knappheit der Lebenszeit zu fühlbar, um noch dem bloßen Reiz des Auch-dabeigewesen-seins nachzugeben. Ich sage Ihnen das vertraulich mit der zwischen uns gegebenen Offenheit, vor allem, da ich bei Ihnen eine ähnliche Einstellung zur »politischen Praxis« der Universitätsprobleme voraussetzen zu können glaube. Ich kümmere mich jetzt seit 15 Jahren um diese Praxis, und ich sehe in der »platonischen« (sit verbo venia Platonis!) Sphäre eines »Beirats« keine Aufgabe für mich.[27]

Der Gründungsausschuß hatte ohnehin das Problem, daß es zu viele potentielle Kandidaten für ihn gab. An Blumenberg war aber nicht nur Lübbe, sondern auch Helmut Schelsky, dem Vorsitzenden des Gründungsausschusses, gelegen. Daher schlugen beide vor, die Konstituierung der Gremien abzuwarten, Blumenberg solle zunächst in den Beirat gehen, später könne man ihn dann noch für den Gründungsausschuß hinzuwählen. Von diesem Vorschlag hielt Blumenberg wenig, da er nicht glaubte, daß der Winkelzug beim Ministerium Erfolg hätte, außerdem würde das nur »Unruhe und Mißstimmung« bei den anderen Mitgliedern der beiden Gremien erzeugen. So kam er zu dem Schluß:

27 Ebd.

Wenn Herr Schelsky selbst vor der Konstituierung des Ausschusses im November keine Möglichkeit sieht, in dieser Frage etwas durchzusetzen, so sollte man auf meine Mitwirkung ganz verzichten. Bestehen für diese Mitwirkung zureichend sachliche Gründe – was zu beurteilen außerhalb meiner Kriterien liegt –, so steht m. E. Herr Schelsky dafür dem Minister allein als Autorität gegenüber und müßte diese auch behaupten. Nur dieser Weg erscheint mir gangbar – wird er nicht beschritten, so läßt sich daraus schließen, daß es keine sehr zwingenden Gründe gibt, mich in O[st]W[estfalen] hinzuzuziehen.[28]

Aber Lübbe beschwor ihn, nicht voreilig zu handeln, und Schelsky fand einen anderen Weg. Er blieb bei der vom Ministerium favorisierten Lösung, berief aber für den 23. November beide Gremien zu einer gemeinsamen Sitzung ein. Und obwohl die offizielle Ernennung seiner Mitglieder erst am 21. Dezember erfolgte, nahm der Beirat schon auf dieser ersten Sitzung seine Arbeit auf und setzte unter anderem Fachbereichskommissionen ein. Blumenberg wurde dabei nicht nur Mitglied in der für Philosophie (gemeinsam mit Hartmut von Hentig, Hermann Lübbe, Odo Marquard und Johann Baptist Metz), sondern auch in der für Geschichte, in der er wiederum auf Reinhart Koselleck traf. Blumenberg scheint sich am Ende mit der Lösung abgefunden zu haben. Jedenfalls wurde er auch in den kommenden Jahren nicht in den Gründungsausschuß gewählt, anders als Koselleck, dem diese Ehre 1968 zuteil wurde.

Daß Blumenberg in beiden Fachbereichskommissionen vertreten war, spricht dafür, daß noch gar nicht entschieden war, welchem Fach die Wissenschaftsgeschichte an der ostwestfälischen Universität zugeordnet sein sollte, ließ ihm aber auch Spielraum für seine eigene Zukunft. So dachte er 1966 zum Beispiel darüber nach, ob er sich nicht von seinem Lehrstuhl

---

28 Blumenberg an Lübbe, 13. Oktober 1965 (DLA, Nachlaß Blumenberg).

für Philosophie auf einen explizit für Wissenschaftsgeschichte umberufen lassen sollte.[29]

Überhaupt gingen die Planungen hier recht langsam voran, aber auch in Bochum stockte die Entwicklung, vielleicht weil man dort das Programm zugunsten der neuen Universität zurückfahren und die Planungen auf einen Lehrstuhl reduzieren wollte. Dagegen erhob Blumenberg praktische Einwände:

> Was die Wissenschaftsgeschichte angeht, so bin ich bei der starken Spezialisierung der Vertreter dieser Disziplin skeptisch, ob sich ein Mann finden läßt, der nicht nur eine bestimmte Spezialität des Gebietes vertritt, sondern auch fähig und bereit ist, den Aufbau des Faches in seiner Breite durchzuführen. Einen Lehrstuhl mit der Bezeichnung »Geschichte der Natur- und Ingenieurwissenschaften« zu besetzen, enthält die Illusion, daß es so etwas überhaupt gibt. Als mir gleichzeitig mit Bochum in Berlin ein Lehrstuhl für »Geschichte der exakten Wissenschaften und der Technik« angeboten wurde, habe ich auf die Problematik einer solchen Bezeichnung nachdrücklich hingewiesen. Das kann niemand. Die Wissenschaftsgeschichte anzugehen hieße, in sehr rascher Folge mehrere Lehrstühle zu besetzen; ob das unter den gegebenen Bedingungen möglich ist, möchte ich bezweifeln. Da ich meine eigene Arbeit zunehmend auf die Geschichte der Physik und Astronomie in der frühen Neuzeit konzentriert habe und in den nächsten Jahren zunehmend konzentrieren möchte, liegt mir natürlich sehr daran, dieses Fach etabliert zu sehen. Ich habe das in den Berufungsverhandlungen stark zur Geltung gebracht aber auch auf die Notwendigkeit hingewiesen, diesem Fach von Anfang an die notwendige methodische und thematische Breite zu geben. Hier stehen uns schwierige Überlegungen bevor.[30]

All diese Schwierigkeiten und Verzögerungen führten wohl dazu, daß Blumenberg seinen Blick zwischenzeitlich mehr auf

---

29 Vgl. Hans Blumenberg an Hermann Lübbe, 28. Dezember 1966.
30 Hans Blumenberg an Wolfgang Kluxen, 6. Januar 1967 (DLA Marbach, Nachlaß Blumenberg, Konvolut »Gründung Universität Bielefeld«).

Bielefeld richtete.[31] Im Februar 1968 kam es zu einem Gespräch mit Ernst-Joachim Mestmäcker, dem neuen Vorsitzenden des Gründungsausschusses, bei dem Blumenberg sein prinzipielles Interesse nicht nur an einer Bielefelder Wissenschaftsgeschichte, sondern ebenso an einem persönlichen Wechsel nach Ostwestfalen bekräftigte.[32] Aber auch hier verzögerten sich die Entwicklungen immer wieder. Im Oktober 1970 sprach sich die Fachbereichskommission erneut für die Wissenschaftsgeschichte aus, obwohl die entsprechenden Pläne einstweilen zurückgestellt werden mußten, »um innerhalb des Rahmens von 15 Lehrstuhlbereichen eine für Forschung und Lehre ausreichende Ausstattung der Fächer Pädagogik, Philosophie und Psychologie zu gewährleisten«. Die Kommission befürwortete »einen breiten Ausbau des Faches Wissenschaftsgeschichte im Rahmen einer ›wissenschaftswissenschaftlichen Fakultät‹ (PPP) und wird gegenüber Universität, Land, DFG und WR entsprechend aktiv werden«.[33] An dieser Sitzung nahm Hans Blumenberg nicht mehr teil. Er hatte aufgegeben und verhandelte inzwischen anderswo. 1970 erhielt er einen Ruf an die Universität Münster, zwar auch eine nordrhein-westfälische Hochschule, aber eine mit Tradition, deren

---

31 In Bochum wurden in der Tat die Planungen später noch einmal reduziert und am Ende nur drei Lehrstühle für Wissenschaftsgeschichte eingerichtet; zudem konzentrierte man sie nicht auf ein Institut, sondern verteilte sie auf verschiedene Fachbereiche: die Geschichte der Medizin an der Fakultät für Medizin, die der Technik an der Fakultät für Geschichte, die Geschichte der Mathematik und der Naturwissenschaft verblieb zusammen mit der Wissenschaftstheorie bei den Philosophen. (Für Hinweise zur Geschichte der Wissenschaftsgeschichte an der Ruhr-Universität Bochum danken wir Helmut Pulte.)
32 Vgl. Ernst-Joachim Mestmäcker an Hans Blumenberg, 1. März 1968 (DLA Marbach, Nachlaß Blumenberg, Konvolut »Gründung Universität Bielefeld«).
33 Protokoll der Sitzung der Fachbereichskommission »Pädagogik, Philosophie, Psychologie, Theologie« für die Universität Bielefeld (DLA Marbach, Nachlaß Blumenberg, Konvolut »Gründung Universität Bielefeld«). WR steht hier für »Wissenschaftsrat«.

Strukturen nicht erst neu geschaffen, um nicht zu sagen erkämpft werden mußten. Dort übernahm er den Lehrstuhl des renommierten, eher konservativen Philosophen und Begriffshistorikers Joachim Ritter, auch dies ein Zeichen, daß sein Reformjahrzehnt beendet war.

»... ein gehöriges Stück Loyalität«. Kosellecks Bielefelder Engagement

Reinhart Koselleck lehrte zunächst ebenfalls an der Ruhr-Universität Bochum, die ihn 1966, ein Jahr nach Blumenberg also, auf eine Professur für Politische Wissenschaft berufen hatte. In die ostwestfälischen Universitätspläne war er schon zuvor durch den Historiker Werner Conze involviert worden. Conze hatte 1957 den Heidelberger Lehrstuhl von Kosellecks emeritiertem Doktorvater Johannes Kühn übernommen und Koselleck als Assistenten weiterbeschäftigt, seit 1960 dann als Mitarbeiter des neu gegründeten Instituts für Sozial- und Wirtschaftsgeschichte. Für Kosellecks akademische Laufbahn war dies die entscheidende Weichenstellung. Conze bemühte sich seinerzeit um eine »Strukturgeschichte des technisch-industriellen Zeitalters«,[34] zeigte sich dabei aber auch sogleich offen für Kosellecks frühe begriffsgeschichtliche Überlegungen. Bei dem bereits 1958 angekündigten Projekt eines »Historischen Wörterbuchs der sozialen Welt (1750-1850)«, dem Jahre später das monumentale Werk *Geschichtliche Grundbegriffe* entspringen sollte, war er Kosellecks primärer Mitstreiter. Zudem kümmerte er sich um die bis dahin eher schleppend in Gang gekommene Karriere seines 13 Jahre jüngeren Assistenten. Er lenkte ihn nicht nur auf das Thema seiner struk-

---

34 Vgl. Werner Conze, *Die Strukturgeschichte des technisch-industriellen Zeitalters als Aufgabe für Forschung und Unterricht*, Köln und Opladen: Westdeutscher Verlag 1957.

turgeschichtlichen Habilitation, *Preußen zwischen Reform und Revolution*, und sorgte für deren Finanzierung, er bezog ihn darüber hinaus auch in die Wissenschaftsorganisation ein. Der in universitätspolitischen Angelegenheiten erfahrene und auch versierte Conze fühlte sich Schelskys Konzept für die zu gründende Universität in Ostwestfalen ideell verbunden, ja, sah sich zwischenzeitlich selbst als Teil ihres zukünftigen Lehrkörpers. Die ersten drei Jahre gehörte er dem Gründungsausschuß an, bis er 1968 das Handtuch warf und Koselleck nachrücken ließ.[35]

Im selben Jahr erfolgte Kosellecks Rückkehr nach Heidelberg, auf einen Lehrstuhl für Neuere Geschichte. Als akademischer Pendler – die wachsende Familie war in Heidelberg geblieben – hatte er in Bochum keine Wurzeln geschlagen, so daß einem persönlichen Austausch mit den dortigen Kollegen enge Grenzen gesetzt waren. Dies galt auch da, wo sich, wie im Falle Blumenbergs, Bielefeld als gemeinsamer Horizont abzuzeichnen begann. Daß dieser Horizont schon von Beginn an Züge einer vergangenen Zukunft trug, und zwar für beide, gibt Kosellecks Anspielung auf den »Nachmittag des 13. Dezember 1965« zu erkennen, die in Form einer Widmung als sein erster schriftlicher Gruß an Blumenberg überliefert ist.[36] An besagtem Dezembernachmittag, weniger als zwei Wochen vor Weihnachten, war im Frankfurter Parkhotel erstmals die Fachbereichskommission Geschichte zusammengekommen. Das Verhalten ihrer Fachkollegen in der Sitzung empfanden Conze wie Koselleck offensichtlich als so peinlich, daß sie dies Blumenberg mitteilen wollten.[37]

Im April 1973 wechselte Koselleck schließlich auf die für ihn geschaffene Professur für Theorie der Geschichte in Bielefeld,

---

35 Vgl. Jan Eike Dunkhase, *Werner Conze. Ein deutscher Historiker im 20. Jahrhundert*, Göttingen: Vandenhoeck & Ruprecht 2010, S. 128-153 und 156f.
36 Siehe oben, Brief Nr. 2.
37 Vgl. ebd., Anm.

rechtzeitig zur Konstitution der Fakultät für Geschichtswissenschaft, zu der er auch Blumenberg – allerdings reichlich kurzfristig – einlud.[38] Dem Heidelberger Rektor hatte er einige Wochen zuvor mitgeteilt, daß es nicht die Studentenunruhen seien, die ihn zur Annahme des Rufes führen würden, sondern die Hoffnung, in Bielefeld an einer von ihm »selbst mit aufgebauten Fakultät einige Reformansätze zu verwirklichen« – und dies, »obwohl sich die hochschulpolitische Lage aufkosten der Forschung und zugunsten einer staatlich gesteuerten Lehre zunehmend zu verändern« drohe. Tatendrang und Ernüchterung, Zuversicht und Skepsis hielten sich zu diesem Zeitpunkt also zumindest noch die Waage, sonst wäre der keineswegs leichte Entschluß, »den alt vertrauten und eingespielten Arbeitskreis der Heidelberger Universität zu verlassen«, nicht gefallen.[39] Daß die Stimmung dann doch so schnell kippte, daß in den reformüberdrüssigen Augen eines von Beginn an Dabeigewesenen die »geplanten Vorzüge von Bielefeld« bereits nach nur drei Monaten dahinschrumpften und dem Schreckensszenario der »Gesamthochschule« wichen, bleibt ein erstaunlicher Vorgang in der bundesrepublikanischen Bildungsgeschichte.[40]

Bei Kosellecks Entscheidung für Bielefeld hatte neben der Aussicht auf eigene Entfaltungsmöglichkeiten auch ein akademischer Gemeinsinn eine Rolle gespielt, der Blumenberg zu diesem Zeitpunkt längst abhanden gekommen war. An Helmut Schelsky schrieb Koselleck im Oktober 1973, daß »ein gehöriges Stück Loyalität an die Gründergruppe in meiner Motivation, die mich nach Bielefeld wechseln ließ, enthalten

---

38 Siehe Brief Nr. 24 und 26.
39 Reinhart Koselleck an Hubert Niederländer, 8. März 1973 (UAH, PA 4616).
40 Siehe oben, Brief Nr. 27. Zum Hintergrund siehe Hermann Lübbe, »Die Idee einer Elite-Universität. Der Fall der Universität Bielefeld«, in: Sonja Asal und Stephan Schlak (Hg.), *Was war Bielefeld. Eine ideengeschichtliche Nachfrage*, Göttingen: Wallstein 2009, S. 11-35.

war«.⁴¹ Vor allem aber hatte er so lange und intensiv an der Planung der Fakultät für Geschichtswissenschaft in Bielefeld mitgewirkt, daß er die inhaltliche Umsetzung der Reformideen nun eben auch, so weit es ging, persönlich mitgestalten wollte. Dazu gehörte neben dem geschichtstheoretischen Schwerpunkt die sozialgeschichtliche Ausrichtung, wobei seinen Begriff von Sozialgeschichte weit mehr mit der von Werner Conze eingebrachten Programmatik einer »Strukturgeschichte des technisch-industriellen Zeitalters« verband als mit der Historischen Sozialwissenschaft der sogenannten Bielefelder Schule, die in den 1970er Jahren um Hans-Ulrich Wehler und Jürgen Kocka entstand, was später zu Konflikten führte. Dazu gehörte auch die Aufhebung der herkömmlichen fachlichen Trennung zwischen mittelalterlicher und neuerer Geschichte und nicht zuletzt die institutionalisierte Zusammenarbeit mit den verschiedenen geistes- und sozialwissenschaftlichen Fächern – die vielbeschworene Interdisziplinarität.⁴²

Das hochschulpolitische Menetekel, das Koselleck in seinem Brief an Blumenberg vom Juli 1973 entwarf,⁴³ ging für ihn sechs Jahre später vollends in Erfüllung. Als er sich zum zehnjährigen Universitätsjubiläum zu einem Rückblick auf die Entwicklung des Fachs Geschichte in Bielefeld veranlaßt sah, stand ein neues Hochschulgesetz im Raum, das die »gesamte Universitätsverfassung, die sich erfreulich, d. h. produktiv für die Forschung und Lehre bewährt« habe, beseitigen

---

41 Reinhart Koselleck an Helmut Schelsky, 23. Oktober 1973 (DLA Marbach, Nachlaß Koselleck), zit. n. Neithard Bulst in: Neithard Bulst und Willibald Steinmetz (Hg.), *Reinhart Koselleck 1923-2006. Reden zur Gedenkfeier am 24. Mai 2006*, Bielefeld 2006, S. 45-50, hier S. 46.
42 Vgl. Reinhart Koselleck, »Geschichtswissenschaft in Bielefeld: Die neue Orientierung eines alten Fachs«, in: Universität Bielefeld (Hg.), *Zwischenstation. Universität Bielefeld 1979*, Bielefeld: Pfeffer 1979, S. 70-78.
43 Siehe oben, Brief Nr. 27.

würde. Sein Ausblick auf die schöne neue Universität Bielefeld war düster und hellsichtig zugleich:

> Fakultäten werden fusioniert, auch die Fakultät für Geschichtswissenschaft ist davon betroffen, denn die Historiker der Pädagogischen Hochschule sollen integriert werden. Neue Anforderungen, zusätzliche Aufgaben, weitere Funktionen werden der Fakultät zugemutet. Ob sich das Gleichgewicht von Lehre und Forschung retten läßt, ist unsicher. Sicher ist nur, daß sich – wie bereits in diesem Jubiläumsjahr – die Sitzungen häufen, die Dauer der Sitzungen länger und länger wird. Kommissionen über Kommissionen werden gebildet und müssen gebildet werden. Unterausschüsse und informelle Vermittlungsgremien folgen im Schneeballsystem nach. Kurzum, das Minimum an kontinuierlicher Zeit, die für Forschung erforderlich ist, wird bereits unterschritten. Die absurde Phase eines Studiums der Reform als Selbstzweck ist erreicht. Die Frage ist nicht mehr, wie läßt sich das mit viel Elan und Energie Erreichte verbessern, sondern nur noch: Was läßt sich aus den vergangenen zehn Jahren in die Zukunft hinüberretten? Wahrlich kein Grund zum Feiern eines Jubiläums.[44]

»Was bleibt da noch übrig, als der konsequente Rückzug an den eigenen Schreibtisch?« fragte er Blumenberg im selben Jahr[45] – und trat diesen Rückzug dann doch nicht an. Anders als der in dieser Hinsicht konsequente Blumenberg, der in Münster bald gar keine Seminare mehr hielt, sondern nur noch Vorlesungen und kaum noch Einladungen zu Vorträgen annahm, entfaltete Koselleck an der Bielefelder Universität eine breite Wirkung als engagierter und zugewandter akademischer Lehrer und war auch weiterhin in diversen wissenschaftlichen Unternehmungen aktiv, insbesondere jenen, die er in den 1960er Jahren initiiert, mit auf den Weg gebracht oder als späteres Mitglied begleitet hatte. So blieb er sowohl »Poe-

---

44 Koselleck, »Geschichtswissenschaft in Bielefeld«, S. 78.
45 Siehe oben, Brief Nr. 38.

tik und Hermeneutik« verbunden, dem von ihm 1979 als »vielleicht auch schon anachronistisch« bezeichneten Forum,[46] das er zuvor immerhin noch für die Klärung seines intellektuellen Verhältnisses zu Carl Schmitt und für die Erprobung seiner frühen Studien zum politischen Totenkult genutzt hatte,[47] als auch dem Bielefelder Zentrum für interdisziplinäre Forschung (ZiF), als dessen Direktor er 1974/75 für ein Jahr fungierte – zu Blumenbergs »kollegialem Bedauern«.[48] Selbst neuen Formationen wie dem Arbeitskreis »Theorie der Geschichte« verschloß er sich nicht.[49]

Vor allem aber engagierte er sich weiter für das seit 1972 erscheinende Lexikon *Geschichtliche Grundbegriffe*, jenes wissenschaftliche Großprojekt, das bis in die 1990er Jahre hinein einen beträchtlichen Teil von Kosellecks Zeit verschlang und immer mehr zu einem Joch für ihn wurde. Ein Jahr nach seinem Wechsel nach Bielefeld schrieb er seinem Mitherausgeber Conze, die »äußeren und inneren Bedingungen« seien zusammengekommen, um »die wirkliche Lexikon-Krise in mir zu erzeugen«. Praktische Schwierigkeiten mit den Autoren belasteten ihn um so mehr, als auch die theoretischen Bedenken zunahmen:

Die Spontanität ist erlahmt, die methodischen Skrupel sind gewachsen, so daß mir in der Tat die Feder nur langsam

---

46 Siehe ebd.
47 Reinhart Koselleck, »Zur historisch-politischen Semantik asymmetrischer Gegenbegriffe«, in: Harald Weinrich (Hg.), *Positionen der Negativität* (Poetik und Hermeneutik VI), München: Fink 1975, S. 65-104; ders., »Kriegerdenkmale als Identitätsstiftungen der Überlebenden«, in: Odo Marquard und Karlheinz Stierle (Hg.), *Identität* (Poetik und Hermeneutik VIII), München: Fink 1979, S. 256-276. Blumenberg bekam die Tagungsbände von »Poetik und Hermeneutik« weiterhin geschickt, äußerte sich gegenüber Koselleck aber zu keinem der beiden Beiträge.
48 Siehe oben, Brief Nr. 30.
49 Siehe oben, Brief Nr. 38. Zur Geschichte dieses Arbeitskreises siehe Petra Boden, »Der Arbeitskreis Theorie der Geschichte«, in: *IASLonline* (i. E.).

fließt. Der Hiatus zwischen geschichtlichen Strukturen und ihren sprachlichen Artikulationen ist methodisch eben nur schwer zu überbrücken. Die Gefahr der Ideengeschichte in bloßer Abstraktion lauert hinter jeder Begriffsgeschichte. Meine Ansprüche sind gestiegen, die Skrupel sind demgemäß gewachsen.

Am Ende seines Schreibens versicherte er Conze aber: »Ich darf nicht unser gemeinsames Opus schließen, d.h. fallen lassen.«[50] Dies war kurz vor Erscheinen des zweiten Bandes der *Geschichtlichen Grundbegriffe*, in dem unter anderem Kosellecks große Beiträge zu den Begriffen »Fortschritt« und »Geschichte« enthalten sind.[51] Als der auf den vorgezogenen Band 4 (1978 publiziert) folgende Band 3 im Februar 1982 immer noch nicht vorlag, wurde Conze zunehmend ungeduldiger und forderte zugleich die Verlegung der Redaktion von Heidelberg nach Bielefeld. Der 1984 erschienene fünfte Band war der letzte, bei dem er als Mitherausgeber fungierte.

Nach Conzes Tod im Jahr 1986 wuchs Koselleck nicht nur die Alleinherausgeberschaft des Lexikons zu, sondern auch der Vorsitz des Arbeitskreises für moderne Sozialgeschichte e.V., den Conze 1957 in Heidelberg gegründet hatte. Daß der von Sozialgeschichte in vieler Hinsicht bereits übersättigte Koselleck sich zur Übernahme auch dieses Postens bereit erklärte, war Ehrensache. Schließlich wurden die *Geschichtlichen Grundbegriffe* im Auftrag des Arbeitskreises herausgegeben, wenngleich dem »weitaus größten, selbstverständlich nie völlig unumstrittenen Arbeitskreisunternehmen« nur zweimal – 1968 und bilanzierend 1995 – Tagungen gewidmet waren.[52]

50 Reinhart Koselleck an Werner Conze, 24. August 1974 (UAH, Nachlaß Conze).
51 Der Band erschien 1975. Siehe oben, Briefe Nr. 32a und 32b.
52 Vgl. Ulrich Engelhardt, *Ein Labor der Sozialgeschichte. Die Entwicklung des Arbeitskreises für moderne Sozialgeschichte seit 1956*, Wien u.a.: Böhlau 2020, S. 41-43, 129f. und 232-237 (Zitat auf S. 219).

»... eine Art ständiger Reiz der Anwesenheit«.
Gespräch per Sonderdruck

Obwohl Bielefeld und Münster nur gut 60 Kilometer Luftlinie voneinander entfernt liegen, lassen sich Begegnungen zwischen Blumenberg und Koselleck nach 1970 nicht mehr ausmachen.[53] Sie fanden wohl auch nicht mehr statt, zumal Gelegenheiten, dienstlich oder auf Tagungen zusammenzutreffen, sich schon deshalb kaum noch ergaben, weil Blumenberg begonnen hatte, alle Einladungen auszuschlagen. Dennoch setzten beide ihr Gespräch fort, nun nicht mehr von Angesicht zu Angesicht, sondern von Gipfel zu Gipfel und ausschließlich postalisch. Dadurch änderte sich allerdings auch der Charakter ihrer Korrespondenz. War sie bisher vor allem ein Gebrauchsbriefwechsel, um organisatorische Fragen zu klären, wurde sie nun, da diese Themen entfielen, mehr zu einem Gedankenaustausch: Man bestärkte sich weiterhin gegenseitig beim Klagen über die Mühen des akademischen Alltags, über den Aufwand des interdisziplinären Betriebs, der nicht zu den gewünschten Ergebnissen führte, kommentierte aber auch intensiver die Arbeit des anderen. Erst jetzt finden sich in der Korrespondenz ausführlichere Anmerkungen zu den theoretischen Überlegungen des Gesprächspartners. Allerdings bleibt auch die Zusendung von Separata wichtig, die oft erst die Grundlage eines daran anschließenden Gedankengangs bilden. Man kann also neben dem expliziten Briefwechsel auch von einem impliziten sprechen, denn in den Sonderdrucken stecken oft Anregungen

53 Kosellecks Dank an Blumenberg und seine Frau für »die schönen Mittagsstunden, die ich neulich bei Ihnen verbringen konnte« (siehe oben, Brief Nr. 15), ist das letzte Indiz eines persönlichen Treffens. Als Koselleck neun Jahre später die bloße Möglichkeit eines Anrufs andeutete und auch noch einen Besuch in Aussicht stellte (Brief Nr. 38), wird der akademische Einsiedler das eher als Bedrohung empfunden haben. Eine ermunternde Antwort – wie sie Blumenberg in früheren Jahren durchaus gegeben hatte – ist jedenfalls nicht überliefert.

und Anspielungen, von denen der Absender unterstellt, der Empfänger werde sie schon verstehen und entweder in der expliziten Korrespondenz oder an anderer Stelle aufnehmen.

Der Sonderdruck war zu jener Zeit als Kommunikationsmittel von einer Bedeutung, die man sich heute kaum noch vorstellen kann.[54] Vor der allgemeinen Verbreitung des Fotokopierers mußte für jeden Aufsatz, der intensiver durchgearbeitet werden sollte, entweder das ganze Buch angeschafft werden – was vor allem dann, wenn es sich um einen Text in einer Zeitschrift handelte, kaum praktikabel war – oder der Band zumindest aus einer Bibliothek entliehen werden. Dann war es aber ebenso unanständig wie unzweckmäßig, An- oder Unterstreichungen vorzunehmen, um die Erträge der Lektüre aufzubewahren. Die Texte mußten mühsam exzerpiert, aussagekräftig erscheinende Zitate mußten abgeschrieben werden. Nur der Sonderdruck erlaubte die Aneignung von Bedeutsamem mit Hilfe von Handwerkszeug: Bleistift, Buntstift, Lineal.

Neben der rein praktischen Bedeutung hatten Sonderdrucke aber auch eine symbolische. Die Zueignung von Separata war zwischen Kollegen ein Zeichen der Wertschätzung, zumal wenn es sich um ein rares Gut handelte. Daher ist die Zahl der Sonderdrucke in Verhandlungen zwischen Gelehrten und ihren Verlegern oft fast so wichtig gewesen wie die Höhe des Honorars. Die Gedanken dahinter: Wen kann ich mit Nachdruck auf meine neusten Arbeitsergebnisse aufmerksam machen? Wie groß ist die Zahl möglicher Adressaten? Und umgekehrt: In wessen Wertschätzung rangiere ich so weit oben, daß ich

---

54 Leider ist diese Gattung – und vor allem ihre Entstehung – so gut wie gar nicht erforscht. Eine der wenigen Ausnahmen ist Carlos Spoerhase, »Gelehrter Hausfriedensbruch im Heftformat. Das sonderbare Genre des Sonderdrucks: Was die Sammlungen des Deutschen Literaturarchivs in Marbach über die Kommunikationsformen der Geisteswissenschaften verraten«, in: *Frankfurter Allgemeine Zeitung*, 8. Juni 2016, S. N3; nun auch Steffen Martus und Carlos Spoerhase, *Geistesarbeit. Eine Praxeologie der Geisteswissenschaften*, Berlin: Suhrkamp 2022, S. 450-465.

eines der begehrten Exemplare erhalte? Nicht zuletzt: Kann ich mich hinlänglich für das Überlassene revanchieren? Der akademische Gabentausch trägt so nicht selten auch Züge eines Sonderdruckduells. Ein aussagekräftiges Beispiel ist die Bitte von Jacob Taubes, Blumenberg möge ihm doch einen zweiten Satz von Separata zur Verfügung stellen, da er den ersten verlegt habe, eine Nachlässigkeit, die Blumenberg um so mehr als Affront empfand und mit sarkastischen Kommentaren beantwortete, als die Gegengaben ausblieben.[55]

Wie andere Geschenke auch haben Sonderdrucke nicht nur eine positive Seite, fordern sie doch Aufmerksamkeit: Sie sind papiergewordener Anspruch, gelesen und womöglich kommentiert zu werden, und daher ein Angriff auf die knappe Arbeits- und Lebenszeit. Dies gilt um so mehr, wenn – oft direkt mit Hilfe des Verlags – ganze Bücher versandt werden. Blumenberg hat darauf gern (und nur halb im Scherz) hingewiesen. An Hans Jonas schrieb er einmal: »Ich weiß, daß es immer eine Zumutung enthält, jemand ein solches Erzeugnis ins Haus zu schicken, für das in eigenen Arbeitssituationen und Zusammenhängen kaum je der passende Augenblick getroffen sein wird. Mir scheint der Witz solcher Zusendungen nur darin zu bestehen, daß eine Art ständiger Reiz der Anwesenheit geschaffen wird, vielleicht doch in eine günstige Lücke der Zeit oder Neugierde einbezogen zu werden.«[56]

»...das wohl beste, was darüber in letzter Zeit ›für uns‹ geschrieben worden ist«. Die Rezeption der Metaphorologie

Ein Mangel an Neugierde war in der wechselseitigen Wahrnehmung Blumenbergs und Kosellecks zumindest nicht das

---

55 Vgl. *BW Blumenberg Taubes*, S. 136.
56 Hans Blumenberg an Hans Jonas, 2. Juni 1976, in: *BW Blumenberg Jonas*, S. 175 f.

Problem. Sonderdruck- und Buchsendungen machen einen großen Teil ihrer Korrespondenz aus, und sie wurden zweifellos auch willkommen geheißen. Koselleck war – folgt man den Anstreichungen in seinen Exemplaren – über viele Jahre ein engagierter Blumenberg-Leser. Auch bei Blumenberg finden sich (allerdings etwas weniger ausgeprägte) Rezeptionsspuren in den Separata des Kollegen. Der Philosoph arbeitete akkurat mit dem Lineal und übertrug die Funde auf Karteikarten, der Historiker markierte hingegen freihändig und legte sich nur punktuell zusammengestellte Register auf den Vorsatzblättern an. Wer will, kann daraus auf den Charakter schließen – oder einfach nur auf den Denkstil.

Nicht selten sind die Zusendungen mit kurzen Widmungen versehen, häufig nur höflichen Grußformeln, zuweilen aber auch inhaltlichen Fingerzeigen wie etwa Blumenbergs Verweis auf »S. 366 Anm.« in jenem ersten Sonderdruck von »Kopernikus im Selbstverständnis der Neuzeit«, der den Briefwechsel eröffnet. Wahrscheinlich ist, daß dieser Hinweis auf ein Gespräch Bezug nahm. Warum Blumenberg Koselleck gerade diese lange Anmerkung anempfahl, kann man zwar nur mutmaßen, das Thema des Gesprächs und sein Kontext lassen sich jedoch recht leicht rekonstruieren, denn in der Anmerkung erscheinen ganz aktuelle Interessen der beiden Theoretiker zu dieser Zeit. Gegenstand der Überlegungen ist zunächst Karl Marx, den Blumenberg ein Jahr zuvor – soweit das dokumentiert ist – zum ersten Mal intensiver gelesen hatte. So setzte er sich nicht nur mit der in der Fußnote erwähnten Frühschrift *Zur Kritik der Hegelschen Rechtsphilosophie* und den *Ökonomisch-philosophischen Manuskripten* auseinander,[57] auch

---

57 Die Leseliste verzeichnet »Zur Kritik der Hegelschen Rechtsphilosophie« für den 16. Juni 1964 und die »Ökonomisch-philosophischen Manuskripte« am 4. Juli 1964. Später folgen noch einige andere Texte von Marx, darunter auch dessen Dissertation »Über die Differenz der demokritischen und epikureischen Naturphilosophie«, deren Prometheus-Deutung Blumenberg in *Arbeit am Mythos* anerken-

die Lektüre der einschlägigen Kapitel aus *Das Kapital* waren für ihn von großer Bedeutung, vor allem für seinen Entwurf einer Geistesgeschichte der Technik, mit dem er die sozialen und technologischen Determinanten des Erfindungsprozesses, etwa die Präformierung solcher Innovationen im Arbeitsprozeß, zwar nicht widerlegen, aber zugunsten der geistesgeschichtlichen Komponenten relativieren wollte.[58]

Was Blumenberg vor allem interessierte, sind jene Details, die den »Hintergrund eines geschichtlichen Prozesses« ausmachen, »den Horizont, in dem nach neuen Möglichkeiten gesucht werden kann«.[59] Und dieser Horizont wird für ihn spätestens seit »Paradigmen zu einer Metaphorologie« durch eine entsprechende Metaphorik bestimmt. So ist es eine besondere Pointe, wenn Blumenberg in der Fußnote, auf die er Koselleck aufmerksam macht, die eigenen geistesgeschichtlichen Prämissen auf die Sprache seines materialistischen Opponenten anwendet, indem er ausgerechnet die Marx'sche Metaphorik selbst in den Blick nimmt. Hinzu kommt, daß es sich in diesem Fall nicht um irgendeine Form der absoluten Metapher handelt, sondern um ihre elaborierteste, nämlich die Sprengmetaphorik, bei der eine bestimmte Bildlichkeit so ins Extreme ge-

---

nend untersucht (vgl. Hans Blumenberg, *Arbeit am Mythos*, Frankfurt a. M.: Suhrkamp 1979, S. 633-643).

58 Siehe dazu Hans Blumenberg, »Dogmatische und rationale Analyse von Motivationen des technischen Fortschritts«, zu Lebzeiten unpublizierter Vortrag auf der vom Verein Deutscher Ingenieure veranstalteten Tagung »Wirtschaftliche und gesellschaftliche Auswirkungen des technischen Fortschritts«, die vom 19. bis 21. November 1970 in Ludwigshafen stattfand, jetzt in: Blumenberg, *Schriften zur Technik*, hg. von Alexander Schmitz und Bernd Stiegler, Berlin: Suhrkamp 2015, S. 258-276; vgl. dazu Oliver Müller, »Zur Methodik einer ›kritischen Geschichte der Technologie‹. Blumenberg liest eine Fußnote von Marx«, in: Cornelius Borck (Hg.), *Blumenberg beobachtet: Wissenschaft, Technik und Philosophie*, Freiburg: Alber 2013, S. 47-63.

59 Hans Blumenberg, *Die kopernikanische Wende*, Frankfurt a. M.: Suhrkamp 1965, S. 7.

steigert wird, daß sie sich selbst auflöst. Marx hat sie nach Blumenbergs Analyse *avant la lettre*, aber mit großer Könnerschaft benutzt, um idealistische Verblendungen zu zerstören; er habe das Bild aufgegeben, »um die Sache zu gewinnen«.[60] Obwohl sich dieser Hinweis in Kosellecks späteren Arbeiten nicht explizit wiederfindet, muß er bei ihm auf großes Interesse gestoßen sein, arbeitete er sich doch zu jener Zeit an der Semantik von »Revolution« und »Bürgerkrieg« ab. Im März 1965 schrieb er in diesem Zusammenhang an den Bochumer Historiker Rudolf Vierhaus, er bedauere es, daß sein Kollege nicht an der vorangegangenen Sitzung von Gadamers Senatskommission für Begriffsgeschichte teilgenommen habe:[61] »Ich sprach über Rev. und Bürgerkrieg; es gab eine lange und gute Diskussion, auch zur Methode. Für diese nenne ich Ihnen Blumenbergs Paradigmen zu einer Metaphorologie als das wohl beste, was darüber in letzter Zeit ›für uns‹ geschrieben worden ist.«[62] In dem nur wenige Jahre später erschienenen Aufsatz »Historische Kriterien des neuzeitlichen Revolutionsbegriffs« kann man nachlesen, wie Kosellleck den fundamentalen Wandel, den dieses »Begriffsfeld« von Kopernikus bis Marx genommen hat, ausdrücklich auch im Hinblick auf seinen metaphorischen Hintergrund untersucht hat.[63]

---

60 Siehe oben, Brief Nr. 1.
61 Auch diese Kommission ist schon der Ort einer verpaßten Gelegenheit, denn Blumenberg und Koselleck gaben sich hier die Klinke in die Hand: Blumenberg nahm nur an den ersten vier Treffen (1958-62) teil und schied damit aus, bevor Koselleck – gemeinsam mit Conze – bei der fünften Sitzung dazustieß. Koselleck schlug – neben anderen – auch gleich Vierhaus als möglichen weiteren Teilnehmer vor, allerdings ohne daß das je zum Erfolg geführt hätte. Vgl. Margarita Kranz, »Begriffsgeschichte institutionell. Die Senatskommission für Begriffsgeschichte der Deutschen Forschungsgemeinschaft (1956-1966). Darstellung und Dokumente«, in: *Archiv für Begriffsgeschichte* 53 (2011), S. 153-226, hier S. 176, Anm. 93.
62 Reinhart Koselleck an Rudolf Vierhaus, 6. März 1965 (DLA Marbach, Nachlaß Koselleck).
63 Vgl. Reinhart Koselleck, »Historische Kriterien des neuzeitlichen Re-

Die Metaphorologie war zweifellos das Arbeitsfeld, das viele mit dem Namen Blumenberg verbanden, so sehr, daß ihr Erfinder später sogar behaupten konnte, ihr Erfolg sei ihm über den Kopf gewachsen. Dennoch war die Resonanz in den ersten Jahren verhalten, was sich schon an der geringen Zahl an Rezensionen zu den »Paradigmen« zeigt. Koselleck gehörte zu denjenigen Kollegen, die sich früh für die Metaphorologie begeisterten und die Fruchtbarkeit der Methode für die eigene Arbeit herausstellten. So bezog er sich in seinen Arbeiten der nächsten Jahre immer wieder auf die »Paradigmen«. Als Koselleck Blumenberg seine Aufsatzsammlung *Vergangene Zukunft* zukommen ließ, über die der Empfänger einmal mehr spottete, der Inhalt sei ihm bekannt, bevor er das Buch aufgeschlagen habe,[64] hätte er immerhin mit Genugtuung feststellen können, daß seine Arbeiten dort in sechs der 14 Aufsätze zitiert werden, und zwar in den überwiegenden Fällen mit einer recht genau identifizierten Stelle aus den »Paradigmen«.[65]

---

volutionsbegriffs«, in: *Vergangene Zukunft*, S. 67-86, ursprünglich unter dem Titel »Der neuzeitliche Revolutionsbegriff als geschichtliche Kategorie«, in: *Studium Generale* 22 (1969), S. 825-838. Es ist natürlich nicht ohne Pointe, daß der Text auf einen Vortrag zurückgeht, der 1968 beim Ebracher Ferienseminar von Ernst Forsthoff gehalten wurde.

64 Siehe oben, Brief Nr. 37. An Odo Marquard schrieb Blumenberg einmal, es sei nicht nur ein Ärgernis, »dass die jungen Leute ihre Aufsätze sammeln und dadurch zu verstehen geben, dass ihr Nachlaß geordnet ist und größere Ansprüche nicht mehr gestellt werden dürfen«. Mehr noch stoße er sich daran, »dass er seine an den einstigen Sonderdrucken der Aufsätze geleistete Arbeit nun wiederholen muß, wenn er seine Anmerkungsapparate auf der Höhe der Zeit halten will.« Da ihm das zu mühsam sei, neige er »zu der Konsequenz einer damnatio memoriae« (Hans Blumenberg an Odo Marquard, 19. Februar 1974, DLA Marbach, Nachlaß Blumenberg).

65 So verweist Koselleck in »Historia Magistra Vitae« von 1965 auf Lessings geschichtsphilosophische Innovationen und dabei auf Blumenbergs »Paradigmen zu einer Metaphorologie«, S. 105 (*Vergangene Zukunft*, S. 53), in »Der Zufall als Motivationsrest in der Geschichtsschreibung« von 1968 auf die Metaphorik von Wahrscheinlichkeit, S. 96-105 (S. 166), in »Standortbindung und Zeitlichkeit« von 1977

Man kann sich gut vorstellen, daß die Metaphorologie besonders den Mitherausgeber eines begriffsgeschichtlichen Wörterbuchs ansprach, auch wenn Koselleck im Vorwort zum siebten Band der *Geschichtlichen Grundbegriffe* eine salvatorische Klausel einfügte: Zu einer Reihe von Desideraten, deren Erfüllung das Lexikon überfordert hätte, gehöre auch die systematische Erfragung der »Metaphorik unserer Begriffe, wie sie Hans Blumenberg aufgewiesen hat«.[66] Eine ganz ähnliche entschuldigende Verbeugung findet sich in Joachim Ritters Einleitung zum ersten Band des *Historischen Wörterbuchs der Philosophie*.[67] In beiden Fällen bedeutete das nicht, daß in vielen Einzelartikeln nicht doch die Metaphorik eine Rolle

auf die Metaphorik der nackten Wahrheit, S. 47 ff., S. 55 (S. 179 und 180) und in seinem als Vortrag 1971 und 1976 gehaltenen Beitrag »Terror und Traum« auf Blumenbergs Untersuchung des Verhältnisses von Wahrscheinlichkeit und Wahrheit, S. 88 ff. (S. 278). In »Standortbildung und Zeitlichkeit« wird Blumenberg sogar im eigentlichen Text erwähnt: Er weise »zu Recht darauf hin«, daß es sich bei Rankes affirmativem Gebrauch der Formel von der nackten Wahrheit um einen aufklärerischen Anachronismus handele (S. 180).

66 Reinhart Koselleck, »Vorwort«, in: *GG*, Bd. 7, Verw.–Z, Stuttgart 1992, S. VIII.

67 So heißt dort die entsprechende (inzwischen oft zitierte und in unterschiedliche Richtungen gedeutete) Stelle, der Herausgeberkreis habe, »nicht leichten Herzens, darauf verzichtet, Metaphern und metaphorische Wendungen in die Nomenklatur des Wörterbuchs aufzunehmen, obwohl ihm klar war, daß, wie *H. Blumenberg* gezeigt« habe, gerade bei ihnen Geschichte in einem radikaleren Sinn als bei Begriffen zu finden sei. »Der Grund dieses Verzichtes war die Einsicht, daß damit das Wörterbuch bei dem gegebenen Stand der Forschungen in diesem Felde überfordert würde und daß es besser sei, einen Bereich auszulassen, dem man nicht gerecht werden kann, als sich für ihn mit unzureichender Improvisation zu begnügen.« Joachim Ritter, »Vorwort«, in: *Historisches Wörterbuch der Philosophie*, Bd. 1, S. VIII f. Daß allerdings auch in diesem Wörterbuch in vielen Einzelfällen doch Metaphorik Berücksichtigung fand, ist ebenfalls schon öfter bemerkt worden. Vgl. etwa Ernst Müller, »›Übertragungen‹ in der Wissenschaftsgeschichte«, in: Matthias Kroß und Rüdiger Zill (Hg.), *Metapherngeschichten. Perspektiven einer Theorie der Unbegrifflichkeit*, Berlin: Parerga 2011, S. 37 f.

spielen würde, zuweilen sogar mit explizitem Verweis auf Blumenberg. So wird etwa in der Einleitung zum Artikel »Welt« (ebenfalls im siebten Band der *Geschichtlichen Grundbegriffe*) auf Blumenbergs starke Annahme verwiesen, man habe es hier mit einem der Wörter zu tun, die sich einer begrifflichen Erfassung verweigerten. Der Autor, der von Löwith und Gadamer in Heidelberg promovierte Philosoph Hermann Braun, referiert dafür ausführlich Blumenbergs Konzeption der »absoluten Metapher«, die lediglich die pragmatische Funktion einer Orientierung haben könne. Dementsprechend erscheinen auch unter den 14 allgemeinen Literaturhinweisen am Ende des Artikels drei Titel von Blumenberg: *Die Genesis der kopernikanischen Welt*, *Die Lesbarkeit der Welt* und *Lebenszeit und Weltzeit*, obwohl sie im Text keine Rolle spielen.[68]

Diese Mischung aus Hochschätzung im allgemeinen und Gleichgültigkeit im Detail zeigt sich bei Blumenberg-Lesern immer wieder, auch bei Koselleck. Die Häufigkeit und Präzision, mit der der Historiker Stellen aus den »Paradigmen« heranzog, steht beispielsweise in auffälligem Kontrast zu den beiden Zitaten in *Vergangene Zukunft*, die aus anderen Büchern Blumenbergs stammen: aus dem überarbeiteten vierten Teil von *Die Legitimität der Neuzeit* und aus *Die Genesis der kopernikanischen Welt*. So ist die einzige Erwähnung von *Die Legitimität der Neuzeit* in Kosellecks Aufsatzsammlung recht pauschal. In dem 1977 erstmals publizierten Beitrag »›Neuzeit‹. Zur Semantik moderner Bewegungsbegriffe« erwähnt Koselleck, daß das 18. Jahrhundert begonnen habe, die »neue Zeit« in begrifflicher Opposition zum Mittelalter zu verstehen, wobei es selbstverständlich geworden sei, die Zeit um 1500 als »Epochenschwelle« zu betrachten. Eine lange Fußnote zu Johann Christoph Gatterer, der als repräsentativ für die Benutzung des Epochenbegriffs angeführt wird, endet mit der Angabe von allgemeiner Literatur zu diesem Begriff: an erster

---

68 Vgl. Hermann Braun, »Welt«, in: *GG*, Bd. 7, S. 437 f. bzw. S. 510.

Stelle – noch vor Manfred Riedels Eintrag »Epoche, Epochenbewußtsein« im zweiten Band des *Historischen Wörterbuchs der Philosophie* – Blumenberg: »Zur Theorie und Begriffsgeschichte der ›Epochen‹ siehe *Hans Blumenberg: Aspekte der Epochenschwelle. Cusaner und Nolaner*, Frankfurt a. M. 1976«.[69] Hier erfährt man weder, welche Passagen Koselleck besonders erhellend findet, noch, wie sehr Blumenbergs recht anspruchsvoller Epochenbegriff in Kosellecks Verständnis wirklich überzeugend ist. Denn anders als in Riedels lexikalischer Gesamtschau des Begriffs ist Blumenbergs Buch ja nicht nur eine Begriffsgeschichte, sondern auch das Angebot eines analytischen Werkzeugs, mit dem sich Epochenschwellen denken lassen sollen.

Immerhin zitiert Koselleck hier die Neufassung, die ein Jahr zuvor, also 1976, als Taschenbuch erschienen ist und die er sogar noch einmal intensiv durchgearbeitet hat, obwohl das schon bei der Erstausgabe von 1966 der Fall war.[70] Eine solche Wertschätzung, die sogar die erneute Lektüre eines im Prinzip schon gelesenen Buchs einschloß, wollte sich Koselleck allerdings nicht durchgängig leisten. In einem drei Jahre später geschriebenen Aufsatz verweist er anläßlich einer längeren Kant-Interpretation auf Blumenbergs Ausführungen dazu in der *Le-*

---

69 Reinhart Koselleck, »›Neuzeit‹. Zur Semantik moderner Bewegungsbegriffe«, in: *Vergangene Zukunft*, S. 300-348, hier S. 317f., Anm. Ursprünglich in: *Studien zum Beginn der modernen Welt*, hg. v. Reinhart Koselleck, Stuttgart 1977, S. 264-299. Der Band erschien in der von Conze herausgegebenen Schriftenreihe »Industrielle Welt« des Arbeitskreises für moderne Sozialgeschichte.

70 So finden sich in der Neuausgabe durchgängig Anstreichungen im gesamten ersten Abschnitt des dritten Bands »Die Epochen des Epochenbegriffs« (S. 7-33), aber auch – weniger dicht – im Abschnitt über Nikolaus von Kues (auf S. 91-94) und in dem über Giordano Bruno (S. 109-129 und 161-165). In der Erstausgabe, *Die Legitimität der Neuzeit*, Frankfurt a. M.: Suhrkamp 1966, sind Anstreichungen im letzten Teil ebenfalls weit verteilt: S. 435-465 (entspricht dem ersten Abschnitt der Taschenbuchausgabe) sowie auf den Seiten 527, 530-538, 566-573, 580 und 583-585.

gitimität, benutzt nun aber die eigentlich überholte Erstausgabe von 1966. Blumenberg ereilt also das, was er anderen androht: zwar nicht gleich eine *damnatio memoriae*, aber doch die Verweigerung, die Weiterentwicklung seiner Gedanken zu rezipieren.[71]

Noch interessanter ist die Stelle, an der Koselleck auf *Die Genesis der kopernikanischen Welt* verweist, das Buch, das Blumenberg selbst für seine wichtigste Arbeit hielt. Denn hier, in dem Aufsatz »›Erfahrungsraum‹ und ›Erwartungshorizont‹ – zwei historische Kategorien«, erläutert Koselleck seine These, nicht nur der »Erwartungshorizont«, sondern auch der »Erfahrungsraum« habe im 18. Jahrhundert eine »geschichtlich neue, utopisch dauernd überziehbare, Qualität« gewonnen, mit der Feststellung, daß der universale Begriff des Fortschritts gegen Ende dieses Jahrhunderts geprägt worden sei, um »eine Fülle neuer Erfahrungen der vorausgegangenen drei Jahrhunderte zu bündeln«, wobei es sich bei diesen neuen Erfahrungen um sektorale Fortschritte gehandelt habe, die »in den Alltag immer tiefer« eingegriffen hätten: »Ich nenne die kopernikanische Wende, die langsam aufkommende Technik, die Entdeckung des Globus und seiner auf verschiedenen Stufen ihrer Entwicklung lebenden Völker oder schließlich die Auflösung der Ständewelt durch Industrie und Kapital.«[72] Keine dieser neuen Erfahrungen hielt Koselleck für so wenig evident, daß er sie mit einem Literaturhinweis stützen zu müssen meinte – mit einer Ausnahme: die an erster Stelle genannte »kopernikanische Wende«. Sie erhält die einzige Fußnote in diesem Satz: »Dazu – außer seinen bisherigen Arbeiten – jetzt *Hans Blumenberg*, Die Genesis der Kopernikanischen Welt. Frankfurt 1975.« Abgesehen davon, daß die pauschale Empfehlung eines

---

71 Vgl. Reinhart Koselleck, »›Fortschritt‹ und ›Niedergang‹ – Nachtrag zur Geschichte zweier Begriffe«, in: *Begriffsgeschichten*, S. 159-181, hier S. 172, Anm.
72 Reinhart Koselleck, »›Erfahrungsraum‹ und ›Erwartungshorizont‹ – zwei historische Kategorien«, in: *Vergangene Zukunft*, S. 363.

Werks von über 800 Seiten (und einigem mehr an früheren Texten) fast wie ein exorzistischer Akt wirken könnte, mit dem die bedrängende Präsenz solch eines Werks gebannt werden soll, verweist die Singularität der Fußnote auch auf den Zweifel, ob es sich gerade bei dieser »Wende« wirklich um eine Erfahrung gehandelt habe – oder nicht vielmehr ganz im Gegenteil um ihre Voraussetzung. So jedenfalls hätte Blumenberg selbst seine Überlegungen wohl gelesen haben wollen.

Ob Blumenberg diese unscharfe Rezeption bemerkt hat, ist nicht dokumentiert. Bei einer anderen Gelegenheit gab er seinem Verdruß über die in diesem Fall sogar ausgebliebene Wahrnehmung jedoch deutlich Ausdruck. In demselben Brief, in dem er sich auch über die Komposition von Kosellecks erster Aufsatzsammlung mokiert, zeigt sich noch einmal, daß Blumenberg sich auch bei einem Gespräch von Gipfel zu Gipfel nicht scheut, die Perspektive von oben herab einzunehmen. Er erinnert Koselleck zunächst an das erste Treffen der Historikerkommission, die sich 14 Jahre zuvor aus dem Wissenschaftlichen Beirat zur Gründung der Universität Ostwestfalen gebildet hatte, und verweist auf die Beharrlichkeit, mit der beide Briefpartner ihren Weg gegangen seien: »Und das, wie ich immer mehr finde, ohne die institutionelle Abstützung interdisziplinärer Mechanismen.«[73] Auch wenn die Interdisziplinarität hier als entbehrliche Belastung dargestellt wird, so wird der fehlende Blick über die Fachgrenzen hinweg von Blumenberg im Einzelfall doch wieder moniert. Kosellecks Vorwort zu *Vergangene Zukunft*, in dem eine Passage aus Johann Gottfried Herders *Metakritik zur Kritik der reinen Vernunft* von 1799 zitiert wird, kommentiert Blumenberg in seiner typischen, in diesen Jahren immer beißender werdenden Ironie: »Denn welche unnötigen Komplikationen hätte es in Ihr Buch hineingetragen, wenn Sie durch Kenntnis des vierten Teils meiner ›Genesis der kopernikanischen Welt‹ das schöne Herder-

---

73 Siehe oben, Brief Nr. 37.

Zitat über die Pluralität der Geschichtszeit im Gegensatz zur Naturzeit hätten differenzieren müssen im Hinblick auf die ganz ähnlichen Erörterungen zu Einheit und Vielheit schon der physischen Zeit.«[74] Man merkt deutlich den Mißmut des Autors: Hier hat er es mit einem der Kollegen zu tun, denen er sein großes Buch hat zuschicken lassen und die es ihm durch Ignoranz gedankt haben. Das kann man als gekränkte Eitelkeit deuten – oder als Ausdruck einer seit längerem angestauten Frustration, denn in dieser Studie ist die Arbeit von zwei Jahrzehnten kondensiert, aber kaum jemand diskutiert die Ergebnisse und Thesen im Detail.

Koselleck ist über Blumenbergs Vorwürfe allerdings erhaben, er läßt sich von seinem Olymp nicht vertreiben und reagiert mit der heiteren Gelassenheit eines Scheingeständnisses: Blumenberg habe ganz recht, die *Genesis* hätte an dieser Stelle zu Rate gezogen werden müssen.»So griff ich denn zum Buch und mußte zu meinem Erstaunen feststellen, daß ich genau dieses Kapitel schon gelesen und mit Anmerkungen versehen hatte, das Sie mir ex post empfohlen haben. Ich hatte es schlichtweg vergessen oder auch verdrängt?« Im übrigen sei die Fehlleistung ganz so schlimm nicht, da die Naturzeiten, die Blumenberg in seinem Buch im Blick habe, »für die Kontrastierung zu den geschichtlichen Zeiten vergleichsweise unerheblich sind«. Um die Abwehr der Blumenberg'schen Attacke nun ihrerseits nicht zu verletzend werden zu lassen, gesteht Koselleck am Ende zu, daß hier eine offene Frage bleibe, »gegen die ich mich nicht auf die Dauer immunisieren sollte«.[75]

Es gehört zu den Eigenheiten eines Archivs, daß die Augen der Nachwelt hier allerhand in Beziehung setzen können, was der Mitwelt verborgen geblieben ist, so etwa diesen Brief mit Kosellecks Exemplar der *Genesis*. In der Tat finden sich in besagtem vierten Teil, »Der Stillstand des Himmels und der Fort-

---

74 Ebd.
75 Siehe oben, Brief Nr. 38.

gang der Zeit«, Anstreichungen von Koselleck auf den Seiten 509 bis 543 und 586 bis 606. Die übrigen Teile sehen unbearbeitet aus. Nun könnte man vermuten, Koselleck habe die Lektüre dieser Passagen auf Blumenbergs Vorhaltungen hin eilends nachgeholt, ihn durch solch ein Eingeständnis aber nicht kränken wollen. Vielleicht hatte er aber diese Seiten wirklich schon zuvor gelesen, immerhin wird hier die ihn besonders interessierende Zeitproblematik angesprochen. Zunächst bestätigt der Befund lediglich, was Blumenberg mit einiger Hellsichtigkeit schon in dem oben zitierten Brief an Jonas festgestellt hat: Die Lebenszeit begrenzt die Lesezeit und wirft die Lektüren auf das zurück, was unmittelbar in den eigenen Arbeitszusammenhang paßt – mit der Konsequenz, daß dadurch Entscheidendes verpaßt wird.

»...meines Erachtens der letzte Historist«.
Säkularisierung und Selbstbehauptung

Besonders bedauerlich ist es, daß Blumenberg und Koselleck einander ausgerechnet an einer Stelle verpaßt haben, die sie beide über ihre Arbeitszusammenhänge hinaus betraf. Nur zwei Aufsätze aus *Vergangene Zukunft* kenne er noch nicht, schrieb Blumenberg in seinem Dankesbrief, und einer davon war »Terror und Traum«, der Text, in dem Koselleck sich, angeregt durch die Traumsammlung von Charlotte Beradt und auch die aus KZ-Erfahrungen geschöpften Darstellungen Jean Cayrols, erstmals ausdrücklich mit dem Nationalsozialismus, vor allem aber mit dem Problem einer Historie nach Auschwitz auseinandersetzte.[76] Es finden sich keine Indizien dafür, daß Blumenberg die Lektüre jemals nachgeholt hat. Dabei hätte

---

76 Siehe dazu Jan Eike Dunkhase, *Absurde Geschichte. Reinhart Kosellecks historischer Existentialismus*, Marbach a. N.: Deutsche Schillergesellschaft 2015, S. 25-36.

er auch diesen Beitrag gut kennen können, wäre er nur weiter Mitglied bei »Poetik und Hermeneutik« geblieben. Denn Koselleck hatte den diesem Aufsatz vorausgehenden Vortrag nicht nur 1971 bei der Görres-Gesellschaft in Nürnberg und 1976 auf dem Germanistentag in Düsseldorf gehalten (wie den Nachweisen der Aufsatzsammlung zu entnehmen ist), sondern auch 1979 auf dem zehnten Kolloquium von »Poetik und Hermeneutik«. Hans Ulrich Gumbrecht erinnert sich dabei an eine außergewöhnliche Stimmung:

> [F]ast alle Kollegen seiner Generation fielen über Koselleck her. Ich habe das Wort »Nestbeschmutzer« gehört. Vielleicht war Jauß ja tatsächlich der einzige wirkliche (Ex-)Nazi in dieser Gruppe – aber was Koselleck zu sagen hatte, ging allen an den Nerv. Und der konnte die Feindseligkeit der Reaktionen überhaupt nicht verstehen. [...] Er hatte keine besondere Anti-Nazi-These (eine antideutsche sowieso nicht, eher eine patriotische), aber dass er mit diesen Materialien gearbeitet hat, löste sofort einen Abwehrdiskurs aus. Es muss seine Freunde irritiert haben. Taubes hat dann die Situation gerettet, indem er einen relativ banalen jüdischen Witz erzählt hat. [...] Für mich war plötzlich klar, das war die Reaktion einer anderen Generation. In ihr schien Koselleck für einen Moment total isoliert, da war etwas zur Sprache gekommen, dessen Vermeidung nicht die Agenda von *Poetik und Hermeneutik* war, aber vielleicht doch eine Voraussetzung.[77]

Wie hätte Blumenberg, um dessen Träume es ja in gewisser Weise auch ging, mehr jedenfalls als um die eines jeden anderen Tagungsteilnehmers, auf diesen Vortrag und darüber hinaus: auf die Diskussion reagiert?

Wenn Lektüren keine Spuren in den Fußnoten des Rezipienten hinterlassen, bedeutet dies nicht zwingend, daß sie nicht stattgefunden haben, was sich ja schon an Kosellecks intensi-

---

77 Hans Ulrich Gumbrecht, »»... diese zentrale Position der Philosophie«‹«, in: *Boden/Zill*, S. 344 f.

ver Auseinandersetzung mit *Die Legitimität der Neuzeit* gezeigt hatte. Daß er wie erwähnt große Teile davon sogar zweimal gelesen hat, mag sich für ihn persönlich sogar gelohnt haben. Denn in der Erstausgabe von 1966 ist von Kosellecks Dissertation *Kritik und Krise* noch keine Rede. In der Neuausgabe wird sie immerhin zur Kenntnis genommen, wenn auch nur in der Fluchtlinie eines anderen Autors. In der Diskussion, die Blumenberg im ersten Teil seines Buchs mit einer Reihe von Thesen zum Phänomen der Säkularisierung führt, widmet sich das dritte Kapitel, »Der Fortschritt in seiner Enthüllung als Verhängnis«, vor allem Karl Löwiths Buch *Meaning in History*, an dessen deutscher Übersetzung *Weltgeschichte und Heilsgeschehen* Koselleck nach eigener Auskunft beteiligt war.[78]

Für Löwith ist die moderne Fortschrittstheorie lediglich ein Säkularisat der christlichen Heilsgeschichte, also in der Substanz identisch, und die Eschatologie selbst eine unheilvolle Verdrängung des antiken Kosmosgedankens, der auf der Idee einer gleichbleibenden Natur des Menschen beruht. Blumenberg interessiert an dieser Argumentation weniger der Wertaspekt als vor allem die Substanzunterstellung, bei der der Fortschritt nach dem Modell der Eschatologie geformt sei und deshalb ihre Schwächen und Fehler nicht vermeiden könne. Für diesen »Spezialfall von historischem Substantialismus«[79] vermißt er allerdings einen zwingenden Beleg. Wenn aber wie bei Löwith »der Kategorie der Säkularisierung eine so schwerwiegende Funktion zufällt, die alles ihr sonst Aufgelastete übertrifft«,[80] dann müsse sie, wenn nicht zwingend bewiesen, so doch wenigstens als äußerst wahrscheinlich gezeigt werden

---

78 Karl Löwith, *Weltgeschichte und Heilsgeschehen. Die theologischen Voraussetzungen der Geschichtsphilosophie*, Stuttgart: Kohlhammer 1953, vgl. Nr. 32.
79 Hans Blumenberg, *Säkularisierung und Selbstbehauptung*. Erweiterte und überarbeitete Neuausgabe von »Die Legitimität der Neuzeit«, erster und zweiter Teil, Frankfurt a. M.: Suhrkamp 1974, S. 37.
80 Ebd., S. 36.

können. Diesen Nachweis sieht er aber nicht als erbracht, vor allem weil sich in der Frühen Neuzeit auch alternative Modelle finden lassen. Gerade weil er eine der stärksten Varianten der Säkularisierungsthese vertrat, war Löwith einer der Hauptgegner Blumenbergs, und der Schlagabtausch, der sich zwischen beiden abgespielt hat, ist auch eine Geschichte interessanter Mißverständnisse und Denkblockaden – so etwa in Löwiths abwehrender Rezension von *Die Legitimität der Neuzeit* in der *Philosophischen Rundschau*.[81] Bei Blumenbergs erneuerter Kritik, die in der Taschenbuchausgabe nun Löwiths Zurückweisungen ihrerseits zurückweist, kommt auch die Sprache auf Koselleck und dessen (von Carl Schmitt inspirierte) These, der Utopismus der Aufklärung habe seinen Ursprung in seinem »geschichtsphilosophisch festgelegten Mißverhält-

---

81 Löwith wies Blumenbergs Behauptungen in seiner Rezension der Erstausgabe zurück, kritisierte sie sogar scharf, indem er u.a. bemerkte: »Wenn man sich durch die komplizierte Denk- und Schreibweise des Verf.s durchgearbeitet hat, kommt einem unwillkürlich die Frage: wozu dieser Aufwand an scharfsinnigen Überlegungen, ausgebreiteter historischer Bildung und polemischen Pointen gegen das Schema der Säkularisation, wenn sich die Kritik dieser illegitimen Kategorie am Ende doch aufs engste mit dem berührt, was sie bekämpft, wenngleich sie es in differenzierterer Weise tut« (*Philosophische Rundschau* 15 [1968], S. 195-201, hier S. 200). In einem Brief, den Blumenberg im September 1967 als Reaktion auf das schon vor der Publikation zugesandte Typoskript schrieb, warf er dem Rezensenten daraufhin vor, dessen Kritik beruhe auf einer Reihe von Fehllektüren. Es sei schließlich die Aufgabe der Philosophie, der Dogmenbildung entgegenzutreten. »Ihre Feststellung hinzunehmen, daß mir dies mißlungen sei, wäre mir leichter geworden, wenn mir das Eintreten des Kritikers Löwith für den Autor Löwith nicht das Gefühl einer am Mißverständnis entzündeten Verstimmung und durch sie ausgelösten Geringschätzung gegeben hätte. Geringschätzung, wie ich meine, schon darin, daß Sie vorwiegend aus dem Bericht über den Kongreß von Münster zitieren, so als ob ich mein damaliges Referat unverändert und ohne aus den Diskussionen gelernt zu haben wieder abgedruckt hätte« (Hans Blumenberg an Karl Löwith, 14. September 1967, DLA Marbach, Nachlaß Blumenberg).

nis zur Politik«,[82] die mit dem Säkularisierungsvorwurf zusammengedacht wird. Hatte Blumenberg schon Zweifel an Löwiths These, wird ihm deren Kombination mit der Moralismuskritik noch unplausibler, da er hier zwei Ideen zusammengespannt sieht, die in seinen Augen nicht miteinander kompatibel sind. Wenn die Geschichte ein nicht zu beeinflussender eschatologischer oder auch ein von der Eschatologie in einen Fortschrittsprozeß umgewandelter Vorgang mit gleicher Zwangsläufigkeit sei, dann stelle sie gerade das Gegenteil einer durch moralische Kritik zu korrigierenden Bewegung dar. Blumenberg hält aber dagegen, die Fortschrittsidee sei »eben nicht eine bloße Schwächeform des Gerichts oder der Revolution, sondern die ständige Selbstrechtfertigung der Gegenwart durch die Zukunft, die sie sich gibt, vor der Vergangenheit, mit der sie sich vergleicht«.[83]

Eine Substantialisierung des Geschichtlichen bekämpft Blumenberg nicht nur in Löwiths Variante des Säkularisierungstheorems, sondern auch in der Toposforschung, in der er ähnliche Tendenzen sieht.[84] Gerade unter diesen Voraussetzungen ist Kosellecks ambivalente Wertschätzung der Blumenberg'schen Grundannahmen interessant, die er im August 1972 gegenüber Carl Schmitt zum Ausdruck brachte:

Schließlich noch ein Wort zu Blumenberg. Er ist meines Erachtens der letzte Historist, sofern er nämlich das dictum, jede Epoche sei unmittelbar zu Gott, methodisch formalisiert zu Ende denkt. Sein Ansatz ist konsequent antiteleologisch und die dem entsprechende funktionale Methode bringt erstaunlich differenzierende Einsichten zutage. Wie ein Argumentationshaushalt endlich angelegt ist und wie sich darin bestimmte Gedanken – bei verbaler Identität – geschichtlich umsetzen und neue Bedeutung gewinnen, die nicht mehr ableitbar ist, diese Interpretationstechnik hat

---

82 Blumenberg, *Säkularisierung und Selbstbehauptung*, S. 40, mit einem Zitat aus *Kritik und Krise*, S. 9.
83 Blumenberg, *Säkularisierung und Selbstbehauptung*, S. 41.
84 Vgl. ebd., S. 37.

Blumenberg meisterhaft entwickelt. Darin liegt sein genuiner Beitrag zur Geschichtswissenschaft. Daß sich sein Engagement an Fragen der Rechtmäßigkeit und des Eigentums als historischer Kategorie persönlich entzündet, scheint mir daneben von sekundärer Bedeutung und fordert Kritik heraus, die trifft. Denn historische Wirkungen und Fernwirkungen lassen sich nicht durch ein juristisch determiniertes Vokabular hinreichend deuten. Blumenberg wendet seine »metaphorischen Analysen« sozusagen nicht auf sein eigenes Vokabular an. Aber diese Kritik trifft meines Erachtens nicht seine historiographische Leistung.[85]

Blumenberg der Historist – diese Einschätzung kehrt bei Koselleck noch Jahre später wieder.[86] Auch wenn der Begriff »Historismus« für ihn kein Schimpfwort ist und er seine eigene begriffsgeschichtliche Methode wiederholt als »reflektierten Historismus« bezeichnet hat,[87] bleibt die Frage, ob sich

---

85 Reinhart Koselleck an Carl Schmitt, 2. August 1971, in: *BW Koselleck Schmitt*, S. 237f.
86 So heißt es zum Beispiel noch 2003 in Kosellecks Rede zum Historikerpreis der Stadt Münster, »»Der Aufbruch in die Moderne oder das Ende des Pferdezeitalters«, unter den Münsteraner Kollegen sei auch »der unüberbietbaren Sonderrolle, die Hans Blumenberg kraft seiner gewichtigen Werke und treffenden Interventionen stets wahrgenommen« habe, zu gedenken. »Wie sehr der sogenannte Historismus, begriffsgeschichtlich und sprachgeschichtlich konsequent ausgedeutet, zu philosophisch begründeten Wahrheiten führt, das hat uns Blumenberg meisterhaft vorgeführt« (»Der Aufbruch in die Moderne oder das Ende des Pferdezeitalters«, in: *Historikerpreis der Stadt Münster. Prof. Reinhart Koselleck. Dokumentation der Feierstunde zur Verleihung am 18. Juli 2003 im Festsaal des Rathauses zu Münster*, hg. v. Presse- und Informationsamt der Stadt Münster, Münster 2003, S. 23-39, hier S. 24).
87 Vgl. Reinhart Koselleck, »Begriffsgeschichtliche Probleme der Verfassungsgeschichte. Exkurs II: Zur Wirkungs- und Rezeptionsgeschichte der einmalig geprägten aristotelischen Bürger-Begriffe« [1994], in: *Begriffsgeschichten*, S. 365-401, hier S. 399; Reinhart Koselleck im Gespräch mit Christof Dipper, »Begriffsgeschichte, Sozialgeschichte, begriffene Geschichte«, in: *Neue Politische Literatur* 43 (1998) 2, S. 187-205, hier S. 188. In seinem programmatischen Text von 1967 hatte es geheißen: »Wir befleißigen uns eines soliden Historismus«. Vgl. Reinhart Koselleck, »Richtlinien für das Lexikon

Blumenberg mit diesem Etikett richtig verstanden gefühlt hätte. Man kann natürlich sein vehementes Plädoyer für die gleiche Valenz von Temperaturmessungen auf einem Millionen Lichtjahre entfernten Stern und der kritischen Edition alter ägyptischer Wäscherechnungen ein wenig so verstehen. Und in der Tat heißt es ja in demselben Brief an Koselleck, in dem sich diese Gegenüberstellung findet, wenige Zeilen später: »Ich stehe zu Ihrem Satz: ›Solange es Geschichte gibt, wird es Historie geben.‹ Das zieht den Vorwurf des Historismus auf sich, erträgt ihn aber auch mühelos. Ich glaube nämlich, genauso gilt der Satz, dass es Astronomie gibt, weil es und solange es noch Sterne gibt, ganz einfach deshalb, weil wir schon zu viel über sie wissen, um ertragen zu können, das Ungewußte nicht auch noch einzubringen.«[88] In *Die Genesis der kopernikanischen Welt* heißt es sogar explizit: »[W]ir müssen zwischen dem Denkverbot für teleologische Elemente in modernen Theorien und dem geschichtlichen Respekt vor der Gleichrangigkeit der menschlichen Selbsthilfen im Weltverständnis unterscheiden. Die Geschichte ist gerade die theoretische Einstellung, die uns das gestattet.«[89] Das Beispiel, das Blumenberg an dieser Stelle heranzieht, ist die Wiederaufwertung von Magie und Ritual in der neueren Ideengeschichte. Dennoch ist die Trostfähigkeit solcher Techniken das eine, die große Wertschätzung der wissenschaftlichen und technischen Errungen-

---

politisch-sozialer Begriffe der Neuzeit«, in: *Archiv für Begriffsgeschichte* 11 (1967), S. 81-99, hier S. 91. Ausführlich hierzu: Peter Tietze, »Reinhart Kosellecks reflektierter Historismus«, in: Manfred Hettling und Wolfgang Schieder (Hg.), *Reinhart Koselleck als Historiker. Zu den Bedingungen möglicher Geschichten*, Göttingen: Vandenhoeck & Ruprecht 2021, S. 302-346.
88 Siehe oben, Brief Nr. 21.
89 Blumenberg, *Die Genesis der kopernikanischen Welt*, S. 202; vgl. dazu auch: Jürgen Goldstein, »Totengespräche und Memoria. Eine Annäherung an den Historismus Hans Blumenbergs«, in: Martin F. Mayer (Hg.), *Zur Geschichte des Dialogs. Philosophische Positionen von Sokrates bis Habermas*, Darmstadt: Wissenschaftliche Buchgesellschaft 2006, S. 214-224.

schaften ein anderes. Blumenberg ist eben auch – gegen Koselleck – ein Verteidiger der Fortschrittstheorie. Kosellecks Hauptkriterium, daß es mit der funktionalen Methode möglich wird, in Aussagen von verbaler Identität durch andere historische Kontextualisierung einen abweichenden Sinn zu entdecken, ist ebenfalls nicht notwendig als historistisch zu klassifizieren. Aber vielleicht ist das ein Streit um Worte. Interessanter bleibt die ambivalente Einschätzung der Blumenberg'schen Thesen, die in Kosellecks Brief an Carl Schmitt zum Ausdruck kommt. So sehr er Blumenbergs antiteleologische Begriffsgeschichte lobt, so sehr kritisiert er dessen »Engagement an Fragen der Rechtmäßigkeit und des Eigentums als historischer Kategorie«. Juristische Metaphern taugen nicht für die Interpretation historischer Prozesse. Die Kritik mündet in den Vorwurf, Blumenbergs Vorgehen sei nicht selbstreflexiv, er hätte seine metaphorologischen Erkenntnisse auf seine eigene Methode anwenden müssen. War das auch als Verteidigung Löwiths gegenüber Blumenberg gemeint?

Noch Jahre später zeigte sich, wie sehr sich beide Seiten bei aller persönlichen Wertschätzung in ihren einander widerstreitenden Grundannahmen nicht erschüttern ließen. In dem Aufsatz »Zeitverkürzung und Beschleunigung. Eine Studie zur Säkularisation« kam Koselleck 1985 auf das alte Thema zurück. Natürlich durfte hier ein Hinweis auf Blumenberg nicht fehlen. Erstaunlich ist nur, wie beiläufig und zugleich apodiktisch er ausfiel. So heißt es im Hinblick auf die »quasi-religiöse Verheißung« der Aufklärung in einer Fußnote: »Diese Umbesetzung der außergeschichtlichen in eine innergeschichtliche Zielbestimmung bleibt trotz Hans Blumenbergs Kritik ein unbestreitbarer Vorgang, den Karl Löwith in *Weltgeschichte und Heilsgeschehen* nachgewiesen hat (Stuttgart 1953).«[90] Beim

---

90 Reinhart Koselleck, »Zeitverkürzung und Beschleunigung. Eine Studie zur Säkularisation«, in: *Zeitschichten*, S. 177-202, hier S. 193. Da

Thema Säkularisierung überwog auf beiden Seiten der Wille zur Selbstbehauptung.

Kosellecks Treue zu Löwith hatte zwischenzeitlich selbst die Feuertaufe einer ganzen Lehrveranstaltung überstanden – die an sich bereits ein Zeugnis dafür ist, wie sehr ihn die Frage umtrieb. Im Wintersemester 1983/84 hielt er an der Universität Bielefeld ein Seminar zum Thema »Löwiths Geschichtsphilosophie im Kontrast zu Blumenbergs Geschichtstheorie«. Wie im kommentierten Vorlesungsverzeichnis zu lesen stand, war dabei beabsichtigt, »die geschichtsphilosophischen Thesen von Karl Löwith anhand seines Buches ›Weltgeschichte und Heilsgeschehen‹ kapitelweise zu interpretieren und dabei ›kontrastiv‹ den ersten Teil von Blumenbergs *Säkularisierung und Selbstbehauptung* heranzuziehen«.[91] Laut der Erinnerung von Gustav Seibt, der an dem Seminar teilgenommen hat, tendierten die meisten studentischen Referate dazu, Blumenberg recht zu geben:

> Koselleck behagte das wenig, und niemand von uns dürfte den pietätvollen Anlass des Seminars erspürt haben: 1983 war Löwith gerade zehn Jahre tot, und mit dem damals herausgekommenen zweiten Band seiner Werkausgabe, der *Weltgeschichte und Heilsgeschehen* enthielt und damit auch Kosellecks Übersetzungsbeitrag dazu, begann eine Renaissance des Denkers, dem Koselleck sich tief verpflichtet fühlte. Uns Studenten aber beeindruckte Blumenbergs raffiniertes Umbesetzungstheorem mehr als Löwiths ideengeschichtliches, so schicksalhaft anmutendes Kontinuitätsdenken. Als dann ein Kommilitone die Gelegenheit nutzte und im Geiste Blumenbergs auf Carl Schmitts *Politische Theologie* zu spre-

---

der Beitrag ursprünglich ein Vortrag in italienischer Sprache war, der erst viele Jahre später gedruckt wurde, konnte Koselleck ihn nicht als Sonderdruck an Blumenberg schicken; aber zur Zusendung von Separata kam es in dieser Zeit ohnehin kaum noch.

91 Siehe die Ankündigung des Seminars für das Kommentierte Vorlesungsverzeichnis der Abteilung Geschichte (DLA Marbach, Nachlaß Reinhart Koselleck).

chen kam, vor allem aber von Schmitts Einfluss auf Koselleck redete, wurde die Stimmung eisig.[92]

»... daß Geschichte Bedingung unserer Erfahrungsfähigkeit ist«. Die Historie als Lehrmeisterin des Lebens

Während die Positionen bei Blumenberg und Koselleck, was Löwith und die von ihm vertretene Säkularisierungsthese anging, wie festgefroren waren, wurde über Fragen der begriffsgeschichtlichen Methode schon offener diskutiert. So war Blumenberg dermaßen von Kosellecks Einleitung zu den *Geschichtlichen Grundbegriffen* begeistert, daß er einen um technische Details erleichterten, aber inhaltlich vielleicht sogar erweiterten Wiederabdruck im *Archiv für Begriffsgeschichte* anregte, um Kosellecks Überlegungen »in die Methodendiskussion um die Begriffsgeschichte wirksam einzubeziehen«. Was er in diesem Zusammenhang besonders gern diskutieren würde, deutet er nur kurz an: Kosellecks Verschiebung der Begriffsgeschichte von der Geistes- in die Sozialgeschichte. Er hält das für eine »ganz unerträgliche Aktualisierung der Begriffsgeschichte als eines anonymen und darin doch wieder auf den ›Weltgeist‹ hinauslaufenden Prozesses.«[93]

Koselleck nimmt das Gesprächsangebot an und erläutert seine Position in einigen Sätzen. Natürlich will gerade er nicht zum Anwalt des Weltgeistes werden; gleichwohl verteidigt er seinen Ansatz, indem er seinem Kritiker die rhetorische Frage stellt, ob nicht in dessen eigener Metaphorologie etwas ganz Ähnliches angelegt sei: »Aber liegt nicht in dem Befund, dass bestimmte Metaphern Denkwege so sehr begrenzen wie freisetzen, ein überindividuelles Moment beschlossen, das durch

---

92 Gustav Seibt, »Bielefeld im Raketenwinter 1983/84«, in: Asal/Schlak (Hg.), *Was war Bielefeld?*, S. 171-178, hier S. 174.
93 Siehe oben, Brief Nr. 26.

keine Anstrengung der Selbstbestimmung aus der Welt geschafft werden kann? Mit anderen Worten, muss nicht auch der Weltgeist metaphorisch gelesen werden und sollte man nicht die geschichtlichen Phänomene suchen, die von Hegel so gesehen und heute vielleicht anders zu benennen wären?«[94] Der Entdecker der Umbesetzungen hatte demzufolge also Kosellecks Umbesetzung nicht recht verstanden. Zur Verdeutlichung dessen, was ihn umtrieb, schickte Koselleck noch einen Sonderdruck seines Aufsatzes »Begriffsgeschichte und Sozialgeschichte« hinterher.[95] Blumenberg wollte den Faden aber offensichtlich doch nicht mehr aufnehmen. Sein nächster Brief an Koselleck wurde erst über ein Jahr später und aus ganz anderem Anlaß geschrieben. Der Sonderdruck hat sich erhalten, sieht aber völlig ungelesen aus.

Eine deutliche, allerdings indirekte Resonanz hat ein anderer berühmter Aufsatz von Koselleck bei Blumenberg gefunden. In der Neufassung von *Säkularisierung und Selbstbehauptung* findet sich nicht nur die verspätete Auseinandersetzung mit Kosellecks Dissertation, sondern auch eine weitere neue Fußnote, die ihn betrifft. Das Kapitel »Verweltlichung durch Eschatologie statt Verweltlichung der Eschatologie«, das sich hauptsächlich mit Rudolf Bultmann beschäftigt, endet mit einer erneuten Kritik an einer Variante der Säkularisierungsdiagnose bei Koselleck. Dabei geht es nicht mehr um die weit zurückliegende Abschlußarbeit, sondern um den berühmten Aufsatz »Historia Magistra Vitae«, der 1967 erschienen war, sinnigerweise in der Festschrift für Karl Löwith.[96]

Koselleck rekonstruiert in diesem Aufsatz Aufstieg und Fall des in Anlehnung an hellenistische Vorbilder von Cicero geprägten Topos, der bis weit ins 18. Jahrhundert hinein in Geltung blieb, dann aber seine Überzeugungskraft verlor: Die

---

94 Siehe oben, Brief Nr. 27.
95 Siehe oben, Brief Nr. 27a.
96 Siehe oben, Brief Nr. 4.

Vorstellung, die Geschichte könne im Sinne einer Beispielsammlung für die Späteren Lehrmeisterin des Lebens sein, wurde hinfällig, nachdem der Kollektivsingular »die Geschichte« die Pluralität von Geschichten ablöste. Indem die Geschichte nunmehr als ein sich ständig selbst überholender Prozeß von Neuerungen begriffen wurde, konnte man aus Vergangenem nur noch etwas über Vergangenes lernen:

> Die Philosophie, soweit sie die Geschichte singular und als ein einheitliches Ganzes begreifend in den Fortschritt transponierte, entzog nun ebenso zwangsläufig unserem Topos den Sinn. Wird die Geschichte zu einer einzigen Veranstaltung der Erziehung des Menschengeschlechtes, dann verliert natürlicherweise jedes vergangene Beispiel an Kraft. Die je einzelne Belehrung geht in der pädagogischen Gesamtveranstaltung auf. Die List der Vernunft verbietet, daß der Mensch direkt aus der Geschichte lerne, sie zwingt ihn indirekt zu seinem Glück.[97]

Solch einer Übermacht der Geschichte entsprach, so Koselleck, aber paradoxerweise die Vorstellung ihrer Machbarkeit.

Der Text, dessen Sonderdruck im Februar 1968 in Blumenbergs Briefkasten landete, erscheint in seiner Leseliste bereits unter dem Datum des 7. März 1968. Im September fand er dann in Blumenbergs Vorlage für das vierte Kolloquium von »Poetik und Hermeneutik« Verwendung, und zwar durchaus zustimmend.[98] Hatte Blumenberg hier Kosellecks Befund lediglich übernommen, versuchte er ihn später weiterzudenken,

---

97 Reinhart Koselleck, »Historia Magistra Vitae. Über die Auflösung des Topos im Horizont neuzeitlich bewegter Geschichte«, in: Hermann Braun und Manfred Riedel (Hg.), *Natur und Geschichte. Karl Löwith zum 70. Geburtstag*, Stuttgart: Kohlhammer 1967, S. 196-219, hier S. 207; jetzt auch in: *Vergangene Zukunft*, S. 38-66, hier S. 58.
98 Vgl. Hans Blumenberg, »Wirklichkeitsbegriff und Wirkungspotential des Mythos«, in: Fuhrmann, *Terror und Spiel*, S. 11-66, hier S. 57, jetzt auch in: *Ästhetische und metaphorologische Schriften*, S. 391.

etwa in *Beschreibung des Menschen*, dem großen anthropologischen Werk aus den späten 1970er Jahren, das erst postum erschienen ist. Dort definiert er die Geschichtlichkeit der menschlichen Existenz als das Lernen am Gelernthaben, also die Weitergabe erworbenen Wissens. Das Erinnerungsvermögen ermögliche »die Präsenz eigener und fremder Fernerfahrung«. Weiter heißt es: »Geschichte ist der Inbegriff mittelbarer Erfahrung, auch wenn der Satz *historia magistra vitae* nur so gilt, daß Geschichte Bedingung unserer Erfahrungsfähigkeit ist, nicht schon der Schatz verwertbarer Erfahrungen«.[99]

In anderen Texten spielt Blumenberg mit der Formel, ohne direkt auf Kosellecks Aufsatz zu verweisen, so etwa in *Die Lesbarkeit der Welt*[100] oder in *Gerade noch Klassiker*, wo eine Glosse über eine autobiographische Passage bei Theodor Fontane mit der Frage beginnt »Wie verläuft die Geschichte?«, um dann auch gleich die Antwort zu geben:

> Immer anders, ist die *jedenfalls* richtige Antwort. Ist es aber die *einzig* richtige? Es gibt keine Erfahrung, die Menschen haben und ertragen könnten, ohne ein Maß an Regelmäßigkeit, an Erkennung von Erwartetem, an Erwartung von Gekanntem. Zwar verweigert die Geschichte ihren alten Dienst als *magistra vitae*. Sie kommt nicht auf wenige Muster zurück und kehrt schon gar nicht, wie der Straftäter an den Ort seiner Untat, zu bestimmten Daten an bestimmte Orte nach bestimmten Ritualen zurück. Dies war die Sinnforderung des Mythos. Nicht zuletzt gegen sie ist die Geschichtsschreibung überhaupt entstanden. Durch sie wurde zur ›Erfahrung‹, was man sonst schon immer gewußt hätte.[101]

---

99 Hans Blumenberg, *Beschreibung des Menschen*, Frankfurt a. M.: Suhrkamp 2006, S. 622.
100 Hans Blumenberg, *Die Lesbarkeit der Welt*, Frankfurt a. M.: Suhrkamp 1981, S. 163 f.
101 Hans Blumenberg, »Die heilige Ampulle«, in: ders., *Gerade noch Klassiker. Glossen zu Fontane*, München: Hanser 1998, S. 95 f. Das Typoskript zu diesem Text trägt die Sigle UNF 2318-2319, was auf eine späte Abfassung, vermutlich Ende der 1980er Jahre hinweist.

»Was aber ist das dann noch für ein Strom?«
Über allen Gipfeln

Zur Zeit der Entstehung dieser Reflexion war der Briefwechsel so gut wie eingeschlafen. In gewisser Weise endete er 1983 mit einem Brief, in dem sich Blumenberg für die Zusendung von Zeichnungen aus Kosellecks eigener Feder bedankte.[102] Ein Nachhall des nun fast schon verklungenen Gesprächs, der jedoch Koselleck nicht mehr zu Ohren gekommen sein kann, findet sich in Form einer Glosse ohne Titel in dem Nachlaßband *Quellen, Ströme, Eisberge*.[103] Als 1987 in den Sitzungsberichten der Heidelberger Akademie der Wissenschaften die Druckfassung eines Vortrags erschien, den Koselleck zwei Jahre früher zu Ehren Hans-Georg Gadamers an dessen 85. Geburtstag gehalten hatte, wurde sie von Blumenberg sehr aufmerksam gelesen (wenn auch offensichtlich nicht in einem vom Verfasser gewidmeten Sonderdruck) und in einer Ausführlichkeit für kommentarwürdig befunden, die kein anderer Text von Koselleck je erfahren hat. Die Rede handelt vom Status der Historik als Grundlagenwissenschaft, die als »Lehre von den Bedingungen möglicher Geschichten« die transzendentalen Voraussetzungen der Geschichtsschreibung zu klären habe.[104] Dabei schlägt Koselleck vor, bei Gadamers Lehrer Heidegger anzuknüpfen und dessen fundamental-ontologische Analyse um konkrete Komponenten der Geschichtlichkeit zu erweitern, und bringt dafür seine fünf inzwischen viel zitierten Oppositionspaare in Stellung: Der Vorlauf zum Tode, also die

---

102 Siehe oben, Brief Nr. 41.
103 Vgl. Hans Blumenberg, o.T. [Paralipomena], in: ders., *Quellen, Ströme, Eisberge*, hg. v. Ulrich von Bülow und Dorit Krusche, Berlin: Suhrkamp 2012, S. 169-173.
104 Reinhart Koselleck, »Historik und Hermeneutik«, Sitzungsberichte der Heidelberger Akademie der Wissenschaften, Philosophisch-historische Klasse, Jg. 1987, Heidelberg: Carl Winter 1987, S. 9-28, hier zitiert nach: *Zeitschichten*, S. 97-118, hier S. 99.

Endlichkeitserfahrung des Menschen, müsse durch das Bewußtsein eines gegenseitigen Sichumbringenkönnens ergänzt werden; die Opposition von Sterbenmüssen und Tötenkönnen führt zu der Schmitt'schen von Freund und Feind. Noch allgemeiner kommt die Opposition von Innen und Außen ins Spiel, gefolgt von der Generativität, der Abfolge von Eltern und Kindern, und schließlich dem Gegensatz von Oben und Unten, den Herrschaftsverhältnissen.

Blumenberg interessieren davon vor allem zwei: zum einen die Generativität, die er selbst öfter am Phänomen des Vatermords thematisiert hat, zum anderen und vor allem aber die doppelte Todesdrohung. Hier hakt er bei Kosellecks Satz ein, daß der Mensch, weil er auf Verstehen angelegt sei, gar nicht anders könne, als »die Erfahrung von Geschichte in Sinn zu verwandeln, gleichsam hermeneutisch zu verkraften, um leben zu können«.[105] Entscheidend ist der Nachsatz – »um leben zu können«. Geschichtsschreibung ist eine menschliche Leistung im Kampf gegen den Absolutismus der Wirklichkeit, ein Trostbringer. So liest Blumenberg Koselleck durch seine Brille, jedoch ohne seine eigene Begrifflichkeit ins Spiel zu bringen. Dennoch muß er das als Geistesverwandtschaft empfunden haben. Er, der sich längst einer phänomenologischen Anthropologie zugewandt hat, sieht darin die entsprechende »anthropologische Implikation der ›Historik‹, auch wenn diese recht ›ontologisch‹ als Erweiterung des ›kategorialen Angebots‹ vorgestellt wird«.[106]

Wie geht nun aber der professionelle Geschichtsschreiber, der Historiker, mit der Situation um? Blumenbergs besondere Aufmerksamkeit gilt einer Metapher, die Koselleck im zweiten Teil der Rede benutzt, in dem die Sprachlichkeit der Historie und ihre Grenzen zum Thema werden. Er zitiert ausführlich eine Passage, in der der Historiker zu fassen versucht, wie er

---

105 Ebd., S. 98; Blumenberg, *Quellen, Ströme, Eisberge*, S. 170.
106 Ebd., S. 171.

und seine Kollegen aus den Ereignissen eine Einheit, aus den Geschichten die Geschichte machen können:

> Da treiben im Strom des Überlieferungsgeschehens einige Texttrümmer herum, theoretische Versatzstücke, die vor allem aus der Wirkungsgeschichte der politischen Theorie stammen, von Plato bis zu Carl Schmitt, und da steht ein armer Historiker am Ufer dieses Stromes oder glaubt dort zu stehen, und sammelt sich von den Trümmern heraus, was ihm paßt, um theoretisch neu gerüstet auf dem Strom des Geschehens weiterschwimmen zu können.

Und Koselleck kommentiert seine eigene Figur: »Nun gut, aller schiefen Metaphorik zum Trotz ist diese Beschreibung nicht ganz falsch.«[107]

Kann Koselleck das Bild konstruiert haben, ohne dabei an den Autor von *Schiffbruch mit Zuschauer* zu denken? Dieser Autor hatte ja über Jahre hinweg auch die Metapher der Quelle untersucht und viele Belege für sie gesammelt: Blumenbergs erste publizierte Überlegungen dazu stehen in den »Beobachtungen an Metaphern« von 1971, einem Aufsatz, den Koselleck umgehend als Sonderdruck erhalten und intensiv mit dem Bleistift durchgearbeitet hat. Der Quelle als Metapher stand Blumenberg immer äußerst kritisch gegenüber. Da war Kosellecks Bildversuch natürlich eine Steilvorlage für ihn – und vielleicht war es auch als eine solche gemeint und vielleicht hat er es auch gemerkt. Jedenfalls kommentiert er scharfsichtig: »Das allerdings ist nicht nur schief, es ist mit Bedacht interferent«, denn erst steht der Historiker am Ufer, und dies nicht nur allein als Zuschauer, sondern auch als Angler, denn er eignet sich die Relikte aus den gescheiterten Versuchen seiner Vorgänger an. Dann aber wechselt er die Rolle und springt selbst ins Wasser, um nun auf dem »Strom des Geschehens« weiterzuschwimmen.

---

107 *Zeitschichten*, S. 112 f.; vgl. auch Blumenberg, *Quellen, Ströme, Eisberge*, S. 172.

Blumenberg (der stets lieber am Ufer blieb) bemerkt dazu trocken, daß der Koselleck'sche Historiker das wohl mit der Hilfe von Mitteln tun muß, die sich schon einmal als unzuverlässig erwiesen haben und deshalb eigentlich kein Vertrauen mehr verdienen. Warum, legt er nach, springt der Geschichtsschreiber überhaupt ins Wasser, warum wechselt er vom sicheren Stand zur gefahrvollen Bewegung, »eine geradezu aufschlußüberreiche Strapazierung der Konfiguration von Statik und Dynamik im ›Begriff‹ der Historik.«[108] Aufschlußreich deshalb, weil sich die Überlegung, nimmt man die Metapher wirklich beim Bild, selbst ad absurdum führt:

> Denn die ›Texttrümmer‹ auf dem Strom tragen den Historiker nicht zu den Quellen des Stroms, sondern in der Gegenrichtung von diesen fort. Er überlebt in einem Verzicht auf die Erfüllung des Postulats ›Zu den Quellen!‹. Seine Wirklichkeit liegt *hinter den Texten*, was bei Koselleck heißen soll, daß die Texte *durch Fragen in Quellen verwandelt werden: Kein Quellentext enthält jene Geschichte, die erst mit Hilfe textlicher Quellen konstituiert und zur Sprache gebracht wird* […]. Was aber ist das dann noch für ein Strom?[109]

Und – so möchte man ergänzen – wohin führt er uns? Auf alle Fälle wird man den Verdacht nicht los, daß es hier auf versteckte Weise auch immer wieder um die Frage geht, wer die Prämissen seiner eigenen Metaphorologie besser beherrscht.

Schließlich fand das Gipfelgespräch auch noch einen vernehmbaren Epilog. Zehn Jahre nach dem langsam verstummenden Dialog kam es zu einer kurzen Wiederaufnahme der Korrespondenz: 1993 ging zum letzten Mal ein Sonderdruck hin, ein anderer her. Das allerletzte Signal von Gipfel zu Gipfel hätte passender nicht sein können: Was mit Kopernikus be-

---

108 Ebd.
109 Ebd., S. 172 f., mit Zitaten (hier: kursiv) aus *Zeitschichten*, S. 116 und 117 (Blumenberg zieht beide Zitate zusammen).

gann, endete mit Goethe. Im Mai 1994 schickte Koselleck Blumenberg das Typoskript seines Weimarer Festvortrags über »Goethes unzeitgemäße Geschichte«.[110] Eingangs würdigt er dort Karl Löwiths in der Emigration formulierte Einsicht: »daß es nicht mehr möglich sei, zu Goethe zurückzukehren – und daß es doch nicht möglich sei, über ihn hinauszukommen«. In einer Fußnote dazu empfiehlt er neben dem von ihm selbst bevorworteten Lebensbericht Löwiths von 1940 und dessen Aufsatz »Zeit und Geschichte bei Hegel und Goethe« Ernst Cassirers Werk *Goethe und die geschichtliche Welt* und würdigt schließlich, weiter ausholend, Blumenbergs *Arbeit am Mythos*.[111] Blumenberg habe gezeigt, »daß weder die philologisch-kritische Methode noch die Ermittlung der tatsächlichen Geschichte ausreichen, um zu erkennen, was Goethe über die Geschichte gedacht hat und wie er sich zu ihr verhielt. Blumenberg untersucht subtil die Grenzüberschreitungen aus dem Bereich des Geschichtlichen in den Mythos – und zurück«.[112]

Kosellecks späte, ausgerechnet in einer Fußnote zu Löwith versteckte Würdigung des älteren Kollegen war auch insofern bedeutsam, als hier im Hintergrund noch ein inzwischen verstorbener Dritter still mitredete. Denn für »besonders« erwähnenswert befand Koselleck gerade den vierten Teil des Buchs, in dem es um Goethes Spruch »Gegen einen Gott nur einen Gott« geht – ein wichtiges Thema in Blumenbergs kurzem Briefgespräch mit Carl Schmitt und ein eher nebensächliches in dem langen, das Koselleck selbst mit Schmitt geführt hatte.[113]

110 Siehe oben, Brief Nr. 44.
111 Hans Blumenberg, *Arbeit am Mythos*, Frankfurt a. M.: Suhrkamp 1979, Lesespuren finden sich in Kosellecks Exemplar auf den Seiten 163-186, 475-477, 504-608 und 638f.
112 Reinhart Koselleck, »Goethes unzeitgemäße Geschichte«, in: *Vom Sinn und Unsinn der Geschichte*, S. 286-305, hier S. 287, Anm. 4.
113 Vgl. *BW Blumenberg Schmitt*, S. 106f., 112; siehe auch: Carl Schmitt, *Politische Theologie II. Die Legende von der Erledigung jeder Politischen Theologie* (1979), Berlin: Duncker & Humblot 2008, S. 94-96; *BW Koselleck Schmitt*, S. 228f.

Die Diskretion der *actio per distans* ließ diesen parallelen Austausch nie zur Sprache kommen – ein Schweigen, das am Ende vielleicht noch schwerer wiegt als das verpaßte Gespräch bei »Poetik und Hermeneutik«.

Editorische Notiz

Die Korrespondenz zwischen Hans Blumenberg und Reinhart Koselleck wird hier zum ersten Mal und, soweit ermittelt, vollständig veröffentlicht. Die Originaldokumente aus dem Zeitraum von 1965 bis 1994 befinden sich in den Nachlässen und Bibliotheken Blumenbergs beziehungsweise Kosellecks im Deutschen Literaturarchiv Marbach. Einige von Blumenbergs Briefen liegen dabei nur in Form von Durchschlägen vor. Widmungen der Korrespondenzpartner in Büchern und Sonderdrucken, in einem Fall auch auf einem unveröffentlichten Typoskript, werden neben den Briefen und Karten als gleichwertige Sendungen behandelt und eigenständig numeriert, sofern sie nicht als Beilage eines Briefes verschickt wurden. Wenn es sich bei den Widmungsexemplaren um die Beilage eines Briefes handelt, wird die Zählung um Buchstaben erweitert (»a«, »b«), ebenso in dem Fall, wo zwei Sonderdrucke eine Sendung bilden. In den Briefwechsel aufgenommen wurden zudem zwei gemeinsam mit Wolf-Dieter Stempel beziehungsweise Reinhart Herzog verfaßte Briefe Kosellecks. Die genauen Angaben zur Überlieferung finden sich unterhalb der einzelnen Sendungen. Auf Kopien und Durchschläge der im Original vorliegenden Schriftstücke wird nicht eigens hingewiesen.

Die Edition gibt die Briefe und Widmungen ohne Korrekturen wieder. Lediglich eindeutige Tippfehler (à la »nud« für »und«) wurden stillschweigend korrigiert. Auch die Zeichensetzung erfolgt strikt nach Vorlage. In Manuskript und Typoskript unterstrichene Stellen sind kursiv gesetzt, die formale Darstellung der Schluß- und Grußformeln wurde vereinheitlicht.

Die Kommentierung erfolgt in lemmatisierten Anmerkungen im unmittelbaren Anschluß an die jeweiligen Brief- und Widmungstexte und bietet zum einfachen Verständnis der Sendungen und ihres historischen Hintergrundes notwendige Informationen sowie Hinweise auf die wechselseitige Rezeption. Personen werden nur bei der Ersterwähnung erläutert, auf sekundärliterarische Verweise wurde grundsätzlich verzichtet, weiterführende Literatur findet sich im Nachwort. Verwiesen wird in den kommentierenden Anmerkungen dagegen auf parallele Korrespondenzen, Interviews, Erinnerungen und vergleichbare Lebenszeugnisse, die zur Erhellung der Zusammenhänge beitragen.

*

Für ihr freundliches Einverständnis zur Veröffentlichung des Briefwechsels danken wir Bettina Blumenberg und Bettina Rickert, für die Erlaubnis zum Abdruck des Briefes Nr. 10 zudem Wolf-Dieter Stempel. Für die Genehmigung von Zitaten aus anderen Briefen und Manuskripten danken wir Bettina Blumenberg, Hermann Lübbe und Jeremy Wilson.

Unser Dank gilt auch den Mitarbeitern und Mitarbeiterinnen des Deutschen Literaturarchivs Marbach, allen voran Dorit Krusche, für ihre fachkundige Unterstützung bei den Archivrecherchen, schließlich Petra Boden, Ulrich Engelhardt, Katharina Koselleck und Margarita Kranz für wertvolle Hinweise.

New York und Berlin, im Herbst 2022
Jan Eike Dunkhase
Rüdiger Zill

Abkürzungen und Siglen

DLA Deutsches Literaturarchiv
GG *Geschichtliche Grundbegriffe. Historisches Lexikon zur politisch-sozialen Sprache in Deutschland*, hg. v. Otto Brunner, Werner Conze und Reinhart Koselleck, Stuttgart: Klett-Cotta 1972-1997.
Hs. Handschrift
hs. handschriftlich
K Kopie
O Original
o. D. ohne Datum
o. O. ohne Ort
Ts. Typoskript
TsD. Typoskript-Durchschlag
UAH Universitätsarchiv Heidelberg
W Widmung

Begriffsgeschichten
Reinhart Koselleck, *Begriffsgeschichten. Studien zur Semantik und Pragmatik der politischen und sozialen Sprache*, Frankfurt a. M.: Suhrkamp 2006.

Boden/Zill
Petra Boden und Rüdiger Zill (Hg.), Poetik und Hermeneutik *im Rückblick. Interviews mit Beteiligten*, Paderborn: Fink 2017.

BW Blumenberg Jonas
Hans Blumenberg, Hans Jonas. Briefwechsel 1954-1978 und weitere Materialien, hg. v. Hannes Bajohr, Berlin: Suhrkamp 2022.

BW Blumenberg Schmitt
Hans Blumenberg, Carl Schmitt. Briefwechsel 1971-1978 und weitere Materialien, hg. v. Alexander Schmitz und Marcel Lepper, Frankfurt a. M.: Suhrkamp 2007.

BW Blumenberg Taubes
Hans Blumenberg, Jacob Taubes. Briefwechsel 1961-1981 und weitere Materialien, hg. v. Herbert Kopp-Oberstebrink und Martin Treml, Berlin: Suhrkamp 2013.

BW Koselleck Schmitt
Reinhart Koselleck, Carl Schmitt. Der Briefwechsel 1953-1983 und weitere Materialien, hg. v. Jan Eike Dunkhase, Berlin: Suhrkamp 2019.

Kritik und Krise
Reinhart Koselleck, *Kritik und Krise. Ein Beitrag zur Pathogenese der bürgerlichen Welt*, Freiburg und München: Alber 1959.

Vergangene Zukunft
Reinhart Koselleck, *Vergangene Zukunft. Zur Semantik geschichtlicher Zeiten*, Frankfurt a. M.: Suhrkamp 1979.

Vom Sinn und Unsinn
Reinhart Koselleck, *Vom Sinn und Unsinn der Geschichte. Aufsätze und Vorträge aus vier Jahrzehnten*, hg. v. Carsten Dutt, Berlin: Suhrkamp 2010.

Zeitschichten
Reinhart Koselleck, *Zeitschichten. Studien zur Historik*, Frankfurt a. M.: Suhrkamp 2000.

Verzeichnis der Briefe und Widmungen

[1] Hans Blumenberg an Reinhart Koselleck
(wohl 1965) (W)
[2] Reinhart Koselleck an Hans Blumenberg
(wohl Dezember 1965) (W)
[3] Hans Blumenberg an Reinhart Koselleck
(wohl Dezember 1965) (W)
[4] Reinhart Koselleck an Hans Blumenberg
Februar 1968 (W)
[5] Hans Blumenberg an Reinhart Koselleck
(wohl Februar/März 1968) (W)
[6] Reinhart Koselleck an Hans Blumenberg
30. Mai 1968
[7] Reinhart Koselleck an Hans Blumenberg
8. August 1968
[8] Reinhart Koselleck an Hans Blumenberg
(wohl Dezember 1968) (W)
[9] Hans Blumenberg an Reinhart Koselleck
(wohl 1969) (W)
[10] Reinhart Koselleck und Wolf-Dieter Stempel
an Hans Blumenberg
10. Juli 1969
[11] Reinhart Koselleck an Hans Blumenberg
(wohl September 1969) (W)
[12] Reinhart Koselleck an Hans Blumenberg
(wohl September/Oktober 1969)
[13] Reinhart Koselleck an Hans Blumenberg
21. November 1969
[14] Hans Blumenberg an Reinhart Koselleck
7. Dezember 1969
[15] Reinhart Koselleck an Hans Blumenberg
26. Februar 1970
[16] Hans Blumenberg an Reinhart Koselleck
26. März 1970
[17] Reinhart Koselleck an Hans Blumenberg
22. April 1970
[18] Reinhart Koselleck an Hans Blumenberg
27. April 1970
[19] Hans Blumenberg an Reinhart Koselleck
1. Juni 1970 (W)

[20] Reinhart Koselleck an Hans Blumenberg
      23. Juni 1971
[20a] Reinhart Koselleck an Hans Blumenberg
      23. Juni 1971 (W)
[21] Hans Blumenberg an Reinhart Koselleck
      4. August 1971
[22] Hans Blumenberg an Reinhart Koselleck
      (wohl Dezember 1971/Januar 1972) (W)
[23] Hans Blumenberg an Reinhart Koselleck
      (wohl 1972) (W)
[24] Reinhart Koselleck an Hans Blumenberg
      3. April 1973
[25] Reinhart Koselleck an Hans Blumenberg
      (wohl April 1973)
[26] Hans Blumenberg an Reinhart Koselleck
      19. April 1973
[27] Reinhart Koselleck an Hans Blumenberg
      18. Juli 1973
[27a] Reinhart Koselleck an Hans Blumenberg
      18. Juli 1973 (W)
[28] Reinhart Koselleck an Hans Blumenberg
      12. August 1974
[29] Hans Blumenberg an Reinhart Koselleck
      14. August 1974
[30] Hans Blumenberg an Reinhart Koselleck
      9. Oktober 1974
[31] Hans Blumenberg an Reinhart Koselleck
      14. Juni 1975 (W)
[32] Reinhart Koselleck an Hans Blumenberg
      16. Dezember 1975
[32a] Reinhart Koselleck an Hans Blumenberg
      16. Dezember 1975 (W)
[32b] Reinhart Koselleck an Hans Blumenberg
      16. Dezember 1975 (W)
[33] Reinhart Koselleck an Hans Blumenberg
      (wohl 1976) (W)
[34] Reinhart Koselleck an Hans Blumenberg
      25. August 1977
[35] Hans Blumenberg an Reinhart Koselleck
      2. September 1977
[36] Reinhart Koselleck an Hans Blumenberg
      (wohl März 1978) (W)

[37] Hans Blumenberg an Reinhart Koselleck
10. August 1979
[38] Reinhart Koselleck an Hans Blumenberg
21. August 1979
[39] Reinhart Herzog und Reinhart Koselleck
an Hans Blumenberg
Juni 1982
[40] Reinhart Koselleck an Hans Blumenberg
Frühjahr/Frühsommer 1983 (W)
[41] Hans Blumenberg an Reinhart Koselleck
28. Juni 1983
[42] Hans Blumenberg an Reinhart Koselleck
(wohl 1993) (W)
[43] Reinhart Koselleck an Hans Blumenberg
(wohl 1993) (W)
[44] Reinhart Koselleck an Hans Blumenberg
Mai 1994 (W)

Namenregister

Audiberti, Jacques 8

Barth, Hans 13
Beierwaltes, Werner 69
Beradt, Charlotte 153
Beutin, Ludwig 43
Blumenberg, Ursula 14f., 16, 25, 30f., 35, 42, 64, 140
Böckenförde, Ernst-Wolfgang 14f.
Braun, Hermann 148
Brecht, Franz Josef 89
Brunner, Otto 43
Bruno, Giordano 18, 98, 149
Buck, August 41, 43
Bultmann, Rudolf 163

Campe 37
Cassirer, Ernst 69, 170
Castelli, Gattinara di Zubiena Enrico 92
Cayrol, Jean 153
Cicero 163
Conze, Werner 9f., 43, 74, 133f., 136, 138f., 145, 149
Coseriu, Eugenio 66

D'Alembert, Jean-Baptiste le Rond 61
Dahrendorf, Ralf 34, 126
Diderot, Denis 44, 61
Dilthey, Wilhelm 11
Dreitzel, Horst 37

Eco, Umberto 92
Eichendorff, Joseph Freiherr von 80, 84
Elm, Kaspar 39
Engels, Odilo 86

Faber, Karl-Georg 102
Fellmann, Ferdinand 30f., 41
Fisch, Jörg 60f.
Flasch, Kurt 69
Fontane, Theodor 165
Formey, Jean Henri Samuel (Johann Heinrich Samuel) 42-44
Förster, Eckhart 69
Forsthoff, Ernst 146
Freyer, Hans 73
Fuhrmann, Manfred 26, 34, 121f., 126

Gadamer, Hans-Georg 26, 89f., 92, 124, 145, 148, 166
Gatterer, Johann Christoph 148
Gehlen, Arnold 73
Goethe, Johann Wolfgang von 111, 170
Gumbrecht, Hans Ulrich 154
Günther, Horst 86

Habermas, Jürgen 52, 64, 67, 93, 124
Hegel, Georg Wilhelm Friedrich 47, 53, 63, 163
Heidegger, Martin 81, 89, 166
Henrich, Dieter 69, 93, 101, 121, 124
Hentig, Hartmut von 130
Herder, Johann Gottfried 96, 98, 100f., 151
Hergt, Gerhard 120
Herzog, Reinhart 102-104
Heselhaus, Clemens 26, 28, 116, 121
Hess, Gerhard 26, 34, 126
Hobbes, Thomas 41, 77, 82f.

Holzboog, Günther 44
Hume, David 44
Husserl, Edmund 98

Imdahl, Max 34, 121
Ipsen, Gunther 43
Iser, Wolfgang 26-28, 34f., 101, 116f., 121f., 126

Jakobson, Roman 89
Jantke, Carl 43
Jaspers, Karl 89, 123
Jauß, Hans Robert 20, 25f., 28, 31, 34f., 44, 48, 52, 78, 102, 104f., 116-119, 121f., 126, 154
Jonas, Hans 142, 153

Kambartel, Friedrich 34
Kant, Immanuel 11, 66, 78, 83, 98, 149
Kerényi, Károly 92
Kesting, Hanno 81
Kluxen, Wolfgang 131
Kocka, Jürgen 102, 136
Kopernikus, Nikolaus 7, 11, 145, 169
Koselleck, Elisabeth 43
Kracauer, Siegfried 119
Krauss, Werner 117
Kühn, Johannes 83, 133
Küng, Hans 92
Kuhn, Thomas S. 103, 105

Landgrebe, Ludwig 98
Leibniz, Gottfried Wilhelm 44, 78
Lepsius, M. Rainer 43
Lessing, Gotthold Ephraim 146
Lévinas, Emmanuel 92
Liebig, Justus 115
Löwith, Karl 76, 81f., 89, 92, 116, 148, 155-157, 160-163, 170
Lübbe, Hermann 27-29, 52, 74, 84, 102, 126-131
Ludwig V., Landgraf von Hessen-Darmstadt 115
Luther, Martin 77, 82f.
Lutz, Heinrich 102

Marion, Jean-Luc 92
Marquard, Odo 126, 130, 146
Marx, Karl 7f., 79, 83f., 143-145
Meier, Christian 14f., 66, 85f., 102, 119
Meier, Franz Georg 34
Mestmäcker, Ernst-Joachim 16, 132
Metz, Johann Baptist 130
Mommsen, Wolfgang J. 102

Nestle, Wilhelm 69
Niederländer, Hubert 135
Nikolaus von Kues 149
Nipperdey, Thomas 43, 102
Nörr, Knut Wolfgang 14f.
Nürnberger, Richard 43

Oeing-Hanhoff, Ludger 64, 67
Oresme, Nikolaus 31

Patzig, Günther 102
Peters, Hans 123
Plessner, Helmuth 13
Preisendanz, Wolfgang 34, 119, 121, 126

Rahner, Karl 92
Ranke, Leopold von 147
Raynal, Guillaume-Thomas François 79, 83
Ricœur, Paul 92

Riedel, Manfred 149
Ritter, Joachim 27f., 133, 147
Rothacker, Erich 61, 98
Rousseau, Jean-Jacques 41
Rüsen, Jörn 102

Sartre, Jean-Paul 8
Scheibe, Erhard 102
Schelsky, Helmut 26, 65, 72-74, 129f., 134-136
Schieder, Theodor 43
Schilling, Kurt 82
Schmitt, Carl 15, 22, 65, 67, 116, 138, 156-158, 160-162, 167f., 170
Scholem, Gershom 92
Schramm, Gottfried 56f.
Schramm, Percy Ernst 57
Seibt, Gustav 161f.
Springer, Ferdinand 123
Stein, Lorenz von 9
Stempel, Wolf-Dieter 19f., 25f., 30, 34, 43, 65, 89, 119-121, 126
Stierle, Karlheinz 34
Striedter, Jurij 34, 121, 126

Taubes, Jacob 92f., 119, 121, 124, 142, 154
Thiel, Manfred 123f.
Treue, Wilhelm 43

Unseld, Siegfried 124

Vierhaus, Rudolf 102, 145
Vischer, Peter 69

Warning, Rainer 67
Wehler, Hans-Ulrich 43, 136
Weinrich, Harald 74, 89, 120f.
Weippert, Georg 43
Weishaupt, Adam 78, 83
Wolff, Christian 44